일본어학개론

일본어학개론

지은이 금종애
발행일 2024년 8월 30일 발행인 김정겸
펴낸곳 충남대학교출판문화원 주소 대전광역시 유성구 대학로 99
전화 042-821-6045 홈페이지 http://www.cnupress.co.kr E-mail cnupress@cnu.ac.kr

ISBN 979-11-6503-290-6 93730
정 가 15,000원

이 책은 충남대학교 학술진흥사업(2021-0903-01)의 지원을 받아 수행되었습니다.

일본어학개론

금종애

충남대학교출판문화원

머리말

일반적으로 학습자가 일본어를 공부하는 것은 어휘와 문형, 문법 등을 습득하여 일본인과 원활한 커뮤니케이션을 하는 것이 목적인 경우가 많습니다. 그러나 이러한 커뮤니이션을 위한 언어 학습도 중요하지만 한 걸음 더 나아가 언어학적 관점에서 일본어가 어떠한 언어인지를 체계적으로 학습하는 것도 중요하다고 할 수 있습니다. 본 교재는 대학에서 일본어를 전공하고 있는 학습자는 물론 일본어에 흥미를 가지고 있는 학습자가 일본어학이라는 학문의 세계에 쉽게 접근할 수 있도록 하려는 의도로 기획된 개설서입니다. 본 교재에서는 전공학습자들이 다소 어려움을 느낄 수 있는 일본어의 음성·음운, 문자·표기, 어휘·의미, 문법 등 일본어학에 대한 전반적인 지식을 구체적인 예를 들어 알기 쉽게 설명하려고 노력하였습니다.

구체적으로 본 교재는 다음과 같이 구성되어 있습니다.

제1장에서는 일본어의 정의와 일본어 계통, 일본어학이라는 학문분야에 대해 간단히 소개하였고, 제2장부터 제6장까지는 일본어의 음성·음운, 문자·표기, 어휘·의미, 문법, 경어 등, 일본어학 분야 전반에 대해 폭넓게 이해할 수 있도록 설명하였습니다. 또한 다른 개론서와는 달리 최근 일본에서 젊은 연구자들이 많은 관심을 가지고 있는 사회언어학 분야에 대해서

도 다루었습니다.

아무쪼록 이 일본어학개론서가 일본어학을 보다 폭넓게 학습하려는 전공학습자의 실력향상에 조금이나마 보탬이 되기를 기대합니다.

마지막으로 이 책이 출판될 수 있도록 협조해 주신 충남대학교출판문화원 여러분께 깊은 감사의 말씀을 드립니다.

2024.8 저자

목 차

chapter 1 일본어(학)이란?

011 1. 일본어란?

011 2. 일본어와 국어

012 3. 일본어의 계통

014 4. 일본어학이란?

chapter 2 일본어의 음성·음운

017 1. 음성이란?

019 2. 음성과 음운

022 3. 일본어의 모음

025 4. 일본어의 자음

032 5. 일본어의 특수음소

035 6. 음절과 박

035 7. 악센트

037 8. 인토네이션

038 9. 프로미넌스

chapter 3 일본어의 문자·표기

043 1. 문자란?
045 2. 일본의 문자
045 3. 한자
052 4. 가나
057 5. 로마자
057 6. 일본어의 표기

chapter 4 일본어의 어휘·의미

069 1. 어휘란?
073 2. 어종에 따른 일본어의 어휘 분류
080 3. 어구성
085 4. 어의 의미(변화)
091 5. 어결합, 연어, 관용구, 비유
097 6. 어휘와 사회

chapter 5 일본어의 문법

111 1. 문법이란?
114 2. 문장성분과 단어
115 3. 일본어의 품사 분류
118 4. 일본어의 품사
131 5. 보이스(Voice, 態)
140 6. 텐스 · 아스펙트
149 7. 모달리티(modality, 叙法)

chapter 6 일본어의 경어

159 1. 대우표현이란?
161 2. 소재경어(素材敬語)와 대자경어(対者敬語)
162 3. 존경어
165 4. 겸양어
168 5. 공손어
168 6. 미화어

chapter 7 사회언어학

173 1. 연구방법론상의 특징
174 2. 언어변종(속성과 말)
181 3. 언어행동
183 4. 언어생활
186 5. 언어접촉
188 6. 언어변화
189 7. 언어의식
190 8. 언어습득
191 9. 언어계획

194 참고문헌

chapter

1

일본어(학)이란?

1. 일본어란?

일본어는 예로부터 일본 민족이 사용해 온 말로, 일본에서 일반적으로 쓰이고 있는 일본국의 공용어이다. 공용어란 한 나라에서 공식적으로 사용되는 언어로 일본 국내에서 공용어는 일본어가 유일하다. 그러나 모든 나라에서 공용어가 하나인 것은 아니다. 예를 들어 캐나다에서는 영어와 프랑스어, 스위스에서는 독일어, 프랑스어, 이탈리아어, 로만슈어 등이 공용어로 사용되고 있다. 또한 일본어는 영어, 프랑스어, 독일어 등과 나란히 세계의 한 언어로 취급하는 경우에도 사용된다. 일본어 사용 인구는 통계에 따라 차이는 있으나 1억 2천만이상으로 추정되며 세계 10위 안에 드는 언어 중의 하나이다.

2. 일본어와 국어

일본에서는 일본어 외에 국어라는 용어도 자주 사용되는데 일본에서 국어라는 말은 에도(江戸) 후기부터 사용되기 시작하여 메이지(明治) 이후 본격적으로 사용되었다. 특히 메이지 이후에는 국어의식의 성립이 근대국가로서의 일본국 성립과 발전이라는 사정과 맞물려 일본어라는 말보다 더 많이 사용되게 된다. 1900년부터는 '국어'라는 명칭의 교과가 처음으로 사용되기 시작하였으며, 교과명 뿐만 아니라 그 교과에서 가르치고 있는 일본어도 국어라 부르게 된다. 이 시기부터 국어는 굳이 일본의 국어라고 말하지 않아도 일본어를 가리키는 말이 되었다.

1897년 우에다 가즈토시(上田万年)는 「국어와 국가」(『국어를 위하여(国語のため)』)라는 논문을 발표하여 국어를 중시하고 고문뿐만 아니라 새로운 시대에 맞는 구어체와 문장체를 제정하여 교육에 힘써야 한다고 주장하는데 당시 시대적 분위기와도 맞아 떨어진 이 말은 일반 사람들에게도 널리 받아들여지게 된다.

그러나 최근에는 오래된 이미지를 동반한 국어를 대신하여 다른 언어와 상대적 관계에 있는 일본어를 사용하려는 경향이 나타나고 있으며 대표적으로 일본의 '국어학회'가 2004년 '일본어학회'로 명칭이 변경된 것을 그 예로 들 수 있다.

3. 일본어의 계통

일본어의 계통에 관한 학설은 북방설과 남방설이 대립되어 왔는데 일본어는 알타이 제어의 요소(북방설)를 많이 지니면서 한편으로는 남방 아시아 제어의 요소(남방설)도 지닌 언어로, 그 계통은 아직도 명확히 밝혀지고 있지 않다. 또한 이 두 계통의 언어가 복합적으로 일본어를 이루고 있다는 설도 제기되고 있다.

3.1 북방설

북방설은 한국어 또는 몽골어, 퉁구스어, 터키어 등 알타이어족에 속하는 언어와 일본어가 계통 관계가 있다고 주장하는 학설이다. 이 학설을 주장하는 이들이 근거로 들고 있는 것은 일본어와 북방계 언어가 어순이 유사한 점, 고대에 모음조화 현상이 있었던 점 , 인칭 · 성 · 수 · 격에 의한 변화가 없는 점, r음으로 시작되는 단어가 고유어에 없다는 점 등이다. 그러나 같은 계통임을 증명하기에는 단어의 친족성이 극히 적은 편이다.

3.2 남방설

남방설은 말레이-폴리네시어, 티베트어, 미얀마어 등 남방 아시아와 일본어와의 관련성을 강조하는 학설이다. 그러나 이들 언어와 신체명, 지형명, 동물명 등에 일본어와 유사한 단어가 있기는 하지만 음운법칙, 어형론(語形論), 통어법 등에서 차이점이 존재하므로 동계를 증명하기에는 한계가 있다.

3.3 중층론(中層論)

중층론은 두 가지 이상의 언어가 복합적으로 일본어를 구성하고 있다고 생각하는 학설이다. 이 학설은 일본열도에 처음 남방계 언어가 사용되었다가 이후 알타이어 계통의 언어가 도래하여 두 계통의 언어 요소가 혼재되게 되었다고 주장하는 학설로써 가장 설득력을 얻고 있다.

4. 일본어학이란?

일본어를 연구대상으로 하는 학문을 '일본어학(日本語学)'이라고 한다. 이러한 일본어학의 목적은 일본어의 제현상(諸現象)에 대한 지식을 얻는 것으로, 일본어를 구사하기 위한 학습과는 차이가 있다.

〈표 1-1〉 일본어학의 연구 분야

<table>
<tr><th>일본어학의
연구 분야</th><th>일본어학의
세부 연구 분야</th></tr>
<tr><td>일본어사</td><td rowspan="3">일본어의 음성 · 음운
일본어의 문자 · 표기
일본어의 어휘 · 의미
일본어의 문법
경어
일본어의 문장 · 담화</td></tr>
<tr><td>현대어</td></tr>
<tr><td>방언(사회언어학)</td></tr>
</table>

일본어학의 연구 분야는 일본어사, 현대어, 방언(사회언어학)과 같이 크게 세 분야로 나누어지며 각각의 분야에서 일본어의 음성 · 음운, 문자 · 표기, 어휘 · 의미, 문법, 경어 등을 연구하고 있다. 최근에는 일본어의 문장 · 담화에 대한 연구도 활발하게 이루어지고 있다.

연습문제 　일본어란?

1. (　　　　　　　　)란 한 나라에서 공식적으로 사용되는 언어로 일본 국내에서 (　　　　　　　　)는 일본어가 유일하다.

2. 일본에서 본격적으로 국어라는 말이 사용된 것은 (　　　　　　　　)시대 이후이다.

3. 일본어학 분야는 크게 (　　　　　　　　), 현대어, 방언으로 나누어지고 각각의 분야에서 일본어의 음성·음운, 문자·표기, 어휘·의미, 문법 등의 연구가 이루어진다.

4. (　　　　　　　　)은 두 가지 이상의 언어가 복합적으로 일본어를 구성하고 있다고 생각하는 학설이다.

5. (　　　　　　　　)는 『국어를 위하여(国語のため)』)에서 국어를 중시하고 고문뿐만 아니라 새로운 시대에 맞는 구어체와 문장체를 제정하여 교육에 힘써야 한다고 주장하고 있다.

chapter

2

일본어의 음성 · 음운

1. 음성이란?

1.1 음성

음성이란 언어연구의 대상이 되는 언어음으로 사람이 자기의 생각이나 감정을 전달할 목적으로 음성기관을 통해 내는 구체적인 소리를 말한다. 음성은 사람에 따라 다르고 같은 사람이 말하더라도 때와 상황에 따라 다르게 나는 물리적이며 구체적인 개별음이다.

1.2 음성기관

음성기관은 언어음을 내는데 필요한 기관을 총칭한다. 우리 몸에서 음성기관으로 독립되어 있는 기관은 없으며, 소화 기관으로 사용되는 입술, 혀, 이 등과 호흡 기관인 폐, 후두 등의 기능을 빌어서 음성이 만들어진다.

음성기관에 대해 구체적으로 살펴보면 혀의 뒷부분부터 식도 사이에 위치한 짧은 관인 인두가 위치하고 있다. 인두 안에는 좌우에 성대가 있으며, 성대 사이의 관문을 성문(声門)이라고 한다. 평상시에 호흡할 때는 성문이 열려 있지만 좌우 성대를 가까이하여 좁은 틈을 만들어 숨을 내쉬게 되면 성대가 진동한다. 성대의 진동을 동반하는 음을 유성음(有声音), 동반하지 않은 음을 무성음(無声音)이라고 한다. 구강의 천정을 구개(口蓋)라고 하며 단단한 경구개(硬口蓋)와 부드러운 연구개(軟口蓋), 그리고 그 끝에 구개수(口蓋垂 ; 목젖)가 있다.

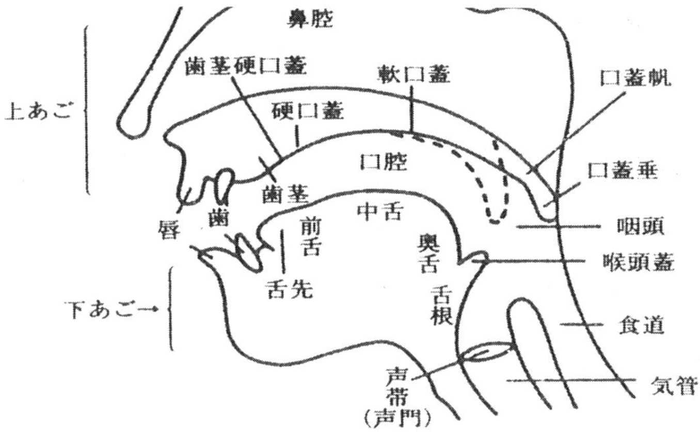

〈그림 2-1〉 음성기관

혀도 일반적으로 음의 구별에 관여한다. 경구개에 마주한 부분을 전설면(前舌面), 연구개에 마주하고 있는 부분을 후설면(後舌面), 그 중간을 중설면(中舌面), 위쪽 앞니 잇몸에 마주하고 있는 면이 설단(舌端), 혀의 맨 앞부분을 설첨(舌先)라고 한다.

1.3 음성학

음성을 연구하는 분야를 음성학이라 하는데, 음성학은 다음과 같이 연구의 관점에 따라 크게 세 가지로 구분된다. 여기에서는 이 중 조음음성학의 입장에서 일본어의 음성에 대해 개관하기로 한다.

〈표 2-1〉 음성학의 연구분야

구분	특징
조음음성학	음성을 낼 때 음성기관을 어떻게 움직이는가에 대한 연구
음향음성학	표출된 음성의 물리적 연구
청각음성학	사람이 음성을 어떻게 듣고 인지하는가에 대한 지각적 연구

2. 음성과 음운

2.1 음성(音声)과 음운(音韻)

음성이 구체적이며 물리적인 소리라면, 음운은 추상적이며 심리적인 것이다. 예를 들어 어중, 어말에 쓰이는 'が' 의 도쿄 표준식 발음은 [ŋa] 이다. 즉, 'かがみ'를 발음기호로 나타내면 [gaŋami]인데 최근 젊은이들은 [gagami]로 발음하는 경우가 많다. 이 '-が-'를 각각 음성기호로 나타내면 [-ŋa-] [-ga-] 이다. 이와 같이 구체적인 소리 하나하나를 음성이라고 한다. 여기에서 'ŋ', 'g', 'a'와 같은 음성의 최소 단위는 단음(単音)으로 [ ]안에 넣어 표기한다.

한편 이 [ŋa] [ga] 와 같은 구체적인 음성은 결국 음운 /ga/로 수렴된다. 즉 우리가 심리적으로 /ga/를 발음하려고 내는 소리가 사람에 따라 [ŋa][ga]와 같은 구체적인 음성으로 실현되는 것이다. 여기에서 음운 /ga/의 'g', 'a'와 같은 최소 단위는 음소(音素) 로 / / 안에 넣어 표기한다.

2.2 상보분포(相補分布)와 조건이음(條件異音)

일본어의 ハ행 자음은 다음과 같이 모음 [a][e][o] 앞에서 [h], [i] 앞에서 [ç], [ɯ] 앞에서 [ɸ] 와 같이 발음된다. 이렇게 음성적으로 비슷한 음이 서로 상대방이 나타나지 않는 위치에만 나타나는 현상을 상보분포라고 한다.

예 /h/ → [h] (무성성문마찰음): [a][e][o]의 앞
[ç] (무성경구개마찰음) : [i]의 앞
[ɸ] (무성양순마찰음): [ɯ]의 앞

상보분포를 이루는 [h][ç][ɸ]와 같은 음 하나하나는 조건이음이라 하며 이들 음은 하나의 음소로 정리되고, 여기에서는 음소 /h/가 추출된다.

2.3 일본어의 음소

음소란 단어의 뜻을 구별해 주는 기능을 가진 소리의 단위로 예를 들어 일본어의 退学[taigakɯ]와 大学[daigakuɯ]는「た」와「だ」로 단어의 뜻이 구별되므로 /t/와 /d/가 각각 별개의 음소라고 할 수 있다. 일본어에는 다음과 같이 모음음소, 자음음소, 반모음음소, 특수음소와 같은 종류가 있다.

〈표 2-2〉 일본어 음소의 종류

구분	특징
모음음소(5)	/ a /(ア), / i /(イ), / u /(ウ), / e /(エ), / o /(オ)
자음음소(13)	/ p /(パ행의 자음), / b /(バ행의 자음), / t /(タ、テ、トの 자음), / c /(チ、ツ의 자음), / d /(ダ행의 자음), / k /(カ행의 자음), / g /(ガ행의 자음), / s /(サ행의 자음), / z /(ザ행의 자음), / h /(ハ행의 자음), / r /(ラ행의 자음), / m /(マ행의 자음), / n /(ナ행의 자음)
반모음음소(2)	/ j /(ヤ행의 반모음), / w /(ワ)
특수음소(3)	/ N /(발음), / Q /(촉음), / R /(장음)

2.4 최소대립어(最小対立語)

甘い[amai]와 赤い[akai]는 [a-ai]와 같이 동일 환경에서 하나의 단음, 즉 [m][k]의 차이에 따라 의미 차이가 생기는데 이러한 한 쌍의 단어를 최소대립어(最小対立語, minimal pair)라고 한다. 이렇게 의미구별에 관여하는 단음[m][k]는 음소 /m//k/로 인정할 수 있다. 최소대립어는 일본어에서 두 단어의 발음에 어떠한 차이가 있는지를 교육하기 위해 활용되는 경우가 많다.

3. 일본어의 모음

3.1 모음

모음(母音)은 폐에서 올라온 날숨이 성도를 지나 밖으로 배출되는 과정에서 아무런 방해도 받지 않고 자연스럽게 만들어지는 말소리(유성음)를 말한다. 모음은 혀의 전후 위치, 입을 벌리는 정도, 입술의 모양과 같은 세 가지 기준에 의해 다음과 같이 분류된다.

(1) 혀의 전후 위치

1)전설모음(前舌母音)

2)중설모음(中舌母音)

3)후설모음(後舌母音)

(2) 입을 벌리는 정도

1)협모음(狭母音)

2)중모음(中母音)

3)광모음(広母音)

(3) 입술의 모양

1)원순모음(円唇母音)

2)비원순모음(非円唇母音)

〈표 2-3〉 일본어의 모음

구분	내용
/ a /	[a] 비원순 중설 광모음
/ i /	[i] 비원순 전설 협모음
/ u /	[ɯ] 비원순 후설 협모음
/ e /	[e] 비원순 전설 중모음
/ o /	[o] 원순 후설 중모음

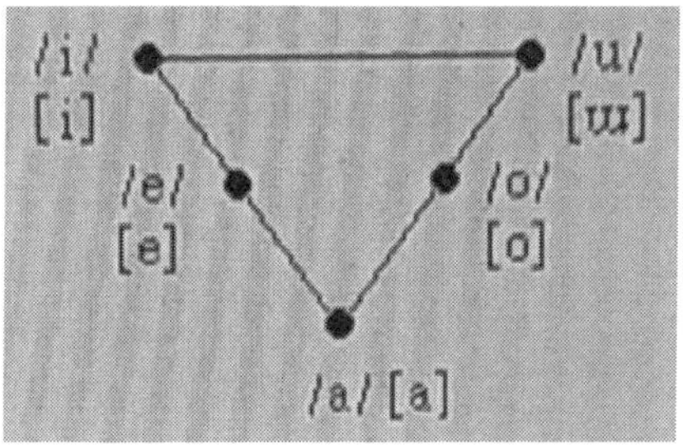

모음은 폐에서 올라온 날숨이 성도를 통과하여 밖으로 배출될 때 입술의 둥근 정도와 혀와 입천장 사이의 간격, 그리고 혀의 전후 위치에 따라서 음색(音色)이 결정된다.

일본어에는 〈표2-3〉와 같이 5개의 모음이 존재한다. 일본어의 다섯 모음 중 'あ'는 일본어는 중설모음, 한국어는 후설모음이며, 「い, え, お」는 한국어의 ' 이, 에, 오'와 그 음가가 매우 비슷하나 「う」는 한국어의 '으'와 '우'의 중간음의 음가를 가진 소리이므로 지나치게 입술을 오므려 발음하거나 지나치게 평평하게 편 채로 발음하지 않도록 주의해야 한다.

〈표 2-4〉 일본어와 한국어 모음 비교

일본어 모음		한국어 모음	
구분	내용	구분	내용
あ	비원순 중설 광모음	아	평순 후설 개모음
い	비원순 전설 협모음	이	평순 전설 폐모음
う	비원순 후설 협모음	우	평순 후설 폐모음
え	비원순 전설 중모음	에	평순 전설 반개모음
お	원순 후설 중모음	오	원순 후설 반개모음

3.2 반모음

모음은 폐에서 올라온 날숨이 성도를 지나 밖으로 배출되는 과정에서 아무런 방해도 받지 않고 자연스럽게 만들어지는 말소리(유성음)이다. 또한 자음은 날숨이 성도를 통과하여 밖으로 배출되는 과정에서 날숨의 흐름이 일시적으로 차단되거나 방해를 받아서 만들어지는 음이다. 반모음은 유성음으로 차단이 동반되지 않는다는 점에서는 모음에 가깝지만 자음과 같이 날숨의 흐름이 방해(마찰)를 받는다는 점에서는 자음에 가깝다고도 할 수 있는 음이다. 즉, 반모음은 모음에 가깝지만 그보다 입 벌림이 큰 모음 앞에 나타나 짧고 약하게 발음되어, 바로 다음 모음으로 옮겨가기 때문에 음절의 중심이 되지 못하고 자음과 같은 역할을 하는 소리를 말한다. 일본어에서는「ヤ, ユ, ヨ, ワ」가 반모음에 속한다.

예

/ j / : や, ゆ, よ의 반모음
/ w / : わ의 반모음

3.3 모음의 무성화

모음의 무성화란 협모음 [i]나 [ɯ]가 무성자음 사이에 놓이거나, 어말의 무성자음 /p, k, t, s/ 뒤에 놓였을 때 성대 진동을 동반하지 않는 현상을 말한다. 어두에서 무성 자음 뒤에 오는 [i]나 [ɯ]에도 무성화가 관찰된다. 이 경우 협모음 아래 '。'를 붙여 해당 모음이 무성화된 것을 나타낸다.

예

「がくせい(学生)」[gakɯseː]
「です, ます」[desɯ] [masɯ]
「クサ」[kɯsa]

4. 일본어의 자음

4.1 자음이란?

자음이란 날숨의 흐름이 방해를 받아서 만들어지는 말소리로 날숨이 성도를 통과하여 밖으로 배출되는 과정에서 날숨의 흐름이 일시적으로 차단되거나 방해를 받아서 만들어진다.

자음은 날숨이 성문을 통과할 때 성문이 느슨하게 닫혀 성대가 진동하느냐(성대 진동의 유무, 유성/무성), 날숨의 흐름이 어느 곳에서 차단되거나 방해를 받느냐(조음 위치, 연구개/경구개 등), 그 방해의 유형이 무엇이냐(조음법, 마찰/파열 등)에 따라서 자음 고유의 음색이 결정된다. 자음의 조음점(조음위치)는 다음과 같이 나누어진다.

〈표 2-5〉 자음의 조음점(조음위치)

구분	내용
양순음	위아래 입술
치경음	윗니, 윗몸과 혀끝, 전설
경구개음	경구개와 중설
연구개음	연구개와 후설
구개수음	구개수(목젖)
성문음	성문

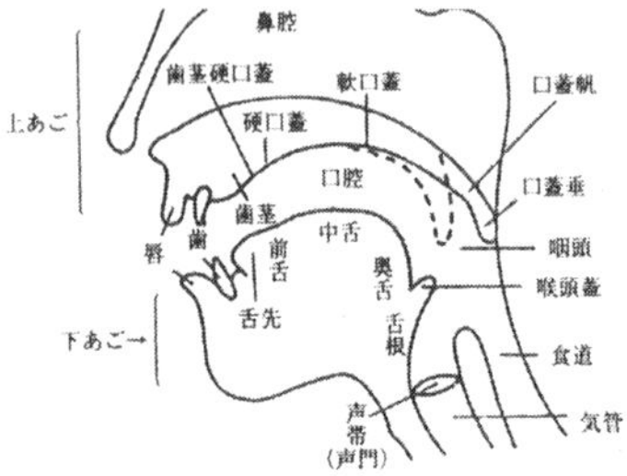

자음의 조음법은 다음과 같이 마찰음, 파열음, 파찰음, 비음, 탄설음으로 구분된다.

〈표 2-6〉 조음법

구분	내용
마찰음	조음기관을 좁혀 마찰하듯이 내는 음
파열음	조음기관을 일시적으로 폐쇄한 후 순간적으로 열어내는 음
파찰음	조음기관을 폐쇄한 후 순간적으로 열어 발음하지 않고 마찰하면서 내는 음
비음	소리를 비강(鼻腔)을 통해 울리듯이 내는 유성음
탄설음	혀끝 부분이 치경에 가볍게 닿았다가 떨어지며 내는 유성음

4.2 자음의 분류

일본어의 자음을 성대진동의 유무(유성음/무성음), 조음점, 조음법 등에 따라 분류하면 다음과 같다.

4.2.1 カ행 ガ행 자음

(1) カ행 자음

무성연구개파열음 [k]

예 くも(雲) けしき(景色)

(2) ガ행 자음

- 어두 : 유성연개구개파열음 [g]

예 がき ぎじゅつ(技術)

- 어두 이외 : 유성연구개비음 [ŋ]

예 いそがしい(忙しい) かぎ(鍵)

4.2.2 サ행 ザ행 자음

(1) サ행 자음

- サ.ス.セ.ソ의 경우 : 무성치경마찰음 [s]

예 へいさ(閉鎖) せき(席)

- シ의 경우 : 조음점이 달라져 무성치경경구개마찰음 [ʃ]

예 しそ　そしき(組織)

(2) ザ행 자음

- ザ.ズ.ゼ.ゾ의 경우

· 어두 : 유성치경파찰음 [dz]

예 ざせき(座席)　ズバリ　ぜひ　ぞうり(草履)

· 어중이나 어말: 유성치경마찰음 [z]

예 ぎんざ(銀座)　ゆず(柚子)　せいぜい　せんぞ(先祖)

- ジ의 경우

· 어두:유성치경경구개파찰음 [dʒ]

예 じどう(自動)

· 어중이나 요음이 붙는 경우:유성치경경구개마찰음 [ʒ]

예 そうじき(掃除機)　しんじゅ(真珠)

4.2.3 タ행 ダ행 자음

(1)タ행 자음

- タ, テ, ト:무성치경파열음 [t]

예 ていき(定期)　とり(鳥)

- チ : 무성치경경구개파찰음 [tʃ]

예 ちり(地理)

- ツ : 무성치경파찰음 [ts]

예 つぼ(壷)

(2) ダ행 자음

- ダ, デ, ド : 유성치경파열음 [d]

예 であい(出会い)　みつど(密度)

- ヂ(연탁) : 유성치경경구개마찰음 [ʒ]

예 はなぢ(鼻血)

- ヅ(동음의 연호) : 유성치경마찰음 [z]

예 つづみ(鼓)

cf. ジ、ヂ와 ヅ、ズ는 발음상 구별 없음

4.2.4 ナ행 자음

- ナ、ヌ、ネ、ノ : 유성치경비음 [n]

예 ぬか(糠)　ねぼう(寝坊)

- ニ : 조음점이 경구개로 경구개비음을 나타내는 [ɲ]로 씀

예 におい(臭い)

4.2.5 ハ행 バ행 パ행 자음

(1) ハ행 자음

- ハ, ヘ, ホ: 무성성문마찰음 [h]

예 こうへい(公平)　かくほ(確保)

- ヒ: 무성경구개마찰음 [ç]

예 ひと(人)

- フ: 무성양순마찰음 [ɸ]

예 ふみ(文)

(2) バ행자음

유성양순파열음 [b]

예 ばいきん(バイ菌)　ぶたい(舞台)

(3) パ행자음

무성양순파열음 [p]

예 ぽつぽつ　ぴかぴか

4.2.6 マ행자음

유성양순비음 [m]

예 まつ(松)　むり(無理)

4.2.7 ラ행자음

유성치경탄설음 [ɾ], 편의상 [r]로 표기하기도 함

예 らいねん(来年)　るいじ(類似)

4.2.8 ャ행 ヮ행 자음

(1) ャ행 자음

반모음 [j]

예 やしき(屋敷)　ゆうき(勇気)

(2) ヮ행자음

ア단에 반모음 [w], 나머지는 ア행의「イ, ウ, エ, オ」와 발음의 구별이 없다.

예 わおん(和音)

각 행의 자음은 단에 따라, 다시 말해 후속 모음의 차이에 따라서 조음점이 조금씩 달라진다. 특히, 모든 행에서 イ단 자음의 조음점이 꽤 경구개 쪽으로 쏠리는 경향이 있는데, 이것을「구개화」라고 한다.

다음 〈표 2-7〉은 성대진동의 유무, 조음점, 조음법에 따라 일본어의 자음을 음성기호로 나타낸 표이다.

〈표 2-7〉 조음점과 조음법에 따른 일본어의 자음

조음법 \ 조음점		양순음	치(경)음	치경 경구개 음	경구 개음	연구 개음	구개 수음	성문음
비음	유성음	m	n		ɲ	ŋ	ɴ	
파열음	무성음	p	t			k		
	유성음	b	d			g		
마찰음	무성음	ɸ	s	ʃ	ç			h
	유성음	w	z	ʒ	j			
파찰음	무성음		ts	tʃ				
	유성음		dz	ʤ	d			
탄설음	유성음		ɾ					

5. 일본어의 특수음소

5.1 촉음

일본어의 촉음은 무성자음 [p, t, k, s, ʃ]의 앞에 나타나는데, 뒤에 올 자음을 발음하기 위한 상태로 날숨의 흐름을 한 박자만큼 차단했다가 개방하며 후속 자음으로 이어 발음한다. 일본어의 촉음은 뒤에 오는 자음의 음성적 특징에 따라서 다음 다섯 개의 변이음으로 발음된다.

- [k](무성연구개파열음) : 「か」행 앞

  예 いっかい[ikkai] がっき[gakki]

- [s](무성치경마찰음) : 「さ、す、せ、そ」 앞

  [ʃ] (무성치경경구개마찰음) : 「し」 앞

  예 いっさい[issai] いっしょ[iʃʃo]

▪ [t] (무성치경파열음) : 「た」행 앞

예 いったい[ittai]　きって[kitte]

▪ [p](무성양순파열음) : 「ぱ」행 앞

예 いっぱい[ippai]　ほっぺ[hoppe]

촉음은 원칙적으로 무성자음 앞에 오며, 그 무성자음이 지속되어 발음되지만, 예외적으로 외래어의 경우에는 다음과 같이 유성자음 앞에 나타나기도 한다.

예 ベッド[beddo]　エッグ[eggɯ]

일본어의 촉음은 하나의 음소로, 그 유무에 따라서 단어의 의미가 구별되므로 촉음이 있는 단어는 한 박자를 넣어 그 발음을 확실히 하여야 한다.

5.2 발음(撥音)

일본어 발음은 후속 자음의 종류에 따라 다음과 같이 여섯 개의 변이음으로 발음된다.

▪ [m](유성양순비음) : 「ま、ば、ぱ」행 앞

예 さんばい[sambai]　さんま[samma]

▪ [n] (유성치경비음) : 「さ、ざ、た、だ、な、ら」행 앞

예 さんだい[sandai]　べんり[bennri]

- [ɲ](유성경구개비음) : 「に」 앞

예 さんにん[saɲɲin]

- [ŋ](유성연구개비음) : 「か、が」행 앞

예 さんかい[saŋkai]　あんがい[aŋgai]

- [N](유성구개수비음) : 어말

예 さん[saN]

- [ṽ] (ṽ : 鼻母音) : 모음이나 반모음 앞

예 ほんや[hoĩja]

5.3 장음(長音)

장음은 직전에 오는 모음의 입모양을 바꾸지 않고 한 박자만큼 계속 연장하여 발음하는 음이다. 우리말과 달리 일본어는 장단음의 구별이 확실하여 장단음의 차이로 단어의 의미가 달라지므로 하나의 음소로 인정된다.

예
くうき(空気)　:　くき(茎)
おばさん　:　おばあさん
カード(card)　:　かど(角)
ビル　:　ビール

6. 음절과 박

6.1 음절이란?

음절이란 하나로 발음되는 최소의 단위를 말하는 것으로, 하나의 모음을 핵으로 하여 만들어진다. 음절에는 모음으로 끝나는 개음절과 자음으로 끝나는 폐음절이 있다. 일본어 음절은 발음(撥音), 촉음과 같은 특수한 경우를 제외하면 대부분 모음으로 끝나는 개음절이다.

6.2 음절과 박(拍)

음절은 그 이상 구분해서 발음할 수 없는 음성의 단위를 말한다. 촉음, 발음, 장음을 1음절로 인정할지에 대해서는 이견이 있다. 예를 들어 「ニッポン」과 같은 경우는「ニ・ッ・ポ・ン」과 같이 4음절로 인정하거나 「ニッ・ポン」과 같이 2음절로 인정하는 경우가 있다.

박(拍,モーラ)은 시간적 길이에 착안하여 같은 길이로 발음(등시성)되는 것을 말하며 일본어의 촉음, 발음, 장음도 1박에 해당된다.

7. 악센트

7.1 일본어의 악센트

세계 언어의 악센트는 고저 악센트(pitch accent)와 강약 악센트(stress accent)로 나누어지는데 일본어는 고저 악센트에 속하는 언어이다.

예 「雨(あめ)」→「アメ(高低)」

「飴(あめ)」→「アメ(低高)」

일본어의 악센트는 악센트의 핵(核)의 유무에 따라「こども(子供)」「ともだち(友達)」와 같이 악센트 핵이 없는 평판식(平板式)과 악센트 핵이 있는 기복식(起伏式)으로 나뉜다.

기복식은 다시 악센트 핵의 위치에 따라「アメ(高低)」와 같이 제1음절이 높은 두고형(頭高型)과「アメ(低高)」와 같이 마지막 음절이 높은 미고형(尾高型),「アナタ(低高低)」와 같이 악센트 핵이 가운데 있는 중고형(中高型)으로 나뉜다.

또한 일본어의 악센트는 지방에 따라 京阪式, 東京式, 一型式으로 나누어지는데 이 중 표준적 악센트에 해당되는 도쿄식 악센트는 단어의 제1음절과 제2음절의 높이는 반드시 다르다. 또한 두고형 이외에는 제1음절이 낮고, 제2음절이 높으며 한 단어에서 악센트 핵은 반드시 하나라는 특징을 가지고 있다.

7.2 악센트의 기능

악센트에는 변별적 기능과 통어적 기능이 있는데 변별적 기능은「雨(あめ)」와「飴(あめ)」, 그리고「箸(はし)」와「橋(はし)」와 같이 악센트에 따라 단어의 의미 차이를 나타내는 기능을 말한다. 다만 일본어에는 악센트로 구별할 수 없는 동음이의어가 많아서 일본어 악센트의 변별 기능은 그다지 크다고 할 수 없다.

통어적 기능이란 다음 문장에서처럼 악센트에 따라 단어가 어디서 나누어지는지가 결정되는데 일본어에서는 변별적 기능보다 이와 같이 문법 경계를 표시하는 통어적 기능이 더 중요하다고 할 수 있다.

예 ニワトリガイル(鶏がいる)
→ 악센트가 내려오는 곳이 없으므로 한 단어

예 ニワトリガイル(二羽鳥がいる)
→ ワ에서 한번 낮아진 악센트가 リ부터 다시 올라 가므로 「ニワ」와 「トリ」는 다른 단어

8. 인토네이션

「田中さんは学生ですか」는 문말의 음의 높이 변화에 따라 「田中さんが学生であること」를 묻는 문도 될 수 있고, 「田中さんが学生あること」를 납득한 문도 될 수 있는데, 이러한 높이 변화를 인토네이션(Intonation, イントネーション)이라고 한다. 인토네이션에는 상승조(↑), 자연하강조(→), 하강조(↓)가 있다.

8.1 상승조(↑)

상승조는 기본적으로 의문문에 나타나는데 다음 예문과 같이 평서문에서도 나타나는 경우가 있으며 상대를 배려하는 뉘앙스를 가진다.

예 A : 読書会(どくしょかい)、明日(あした)いかがですか?

B : 明日(あした)は休日(きゅうじつ)ですよ。(↑)

8.2 하강조(↓)

하강조는 문말에서 의식적으로 음조를 낮추는 경우에 납득이나 반어를 나타낸다.

예 彼(かれ)は大学生(だいがくせい)だそうです。

そうですか。もう大学生(だいがくせい)ですか。(↓) **[납득]**

예 あなたも行(い)きますか。

あんなところ二度(にど)と行(い)くもんですか。(↓) **[반어]**

8.3 자연하강조(→)

자연하강조는 의식적으로 음조를 상승시키거나 하강시킬 수 없는 경우로, 문말로 갈수록 음조가 자연스럽게 하강한다.

예 A : 木村(きむら)さんは学生(がくせい)ですか?

B : いいえ、彼(かれ)は先生(せんせい)です。(→)

9. 프로미넌스

문 안의 특정 요소에 강세를 두어 그 요소를 문중의 다른 요소보다 정보 면에서 중요한 것으로 취급하는 경우가 있는데 이 강세를 프로미넌스(prominence, プロミネンス)라고 한다.

다음 예문은 단순히 그녀가 차를 가지고 있다는 의미를 나타내는데, 예

를 들어, 「あの車」에 강세를 두어 발음할 경우 그녀가 그 비싸고 희귀한 차를 가지고 있다는 의미를 나타낼 수도 있다.

예 彼女(かのじょ)はあの車(くるま)を持(も)っています。

연습문제 일본어의 음성음운

1. 폐에서 올라온 날숨이 밖으로 배출되는 과정에서 아무런 방해도 받지 않고 자연스럽게 만들어지는 말소리를 (   )이라고 한다.

2. 협모음 [i]나 [ɯ]가 무성자음 사이에 놓이거나 어말의 무성자음 뒤에 놓였을 때 성대의 진동을 동반하지 않는 현상을 (   )라고 한다.

3. 일본어의 ハ행 자음과 같이 음성적으로 비슷한 음이 상대방이 나타나지 않은 위치에만 나타나는 현상을 (   )라고 한다.

4. 문장 안의 특정한 요소에 강세를 두어 그 요소를 문중의 다른 요소보다도 정보면에서 중요한 것으로 취급하는데 이를 (   )라고 한다.

5. 일본어는 모든 행에서 イ단 자음의 조음점이 꽤 경구개 쪽으로 쏠리는 경향이 있는데 이를 (   )라고 한다.

6. 다음 자음표를 완성하세요.

조음점 / 조음법		양순음	치(경)음	치경 경구개음	경구 개음	연구 개음	구개 수음	성문음
비음	유성음	(　　)	(　　)		(　　)	ŋ	N	
파열음	무성음	(　　)	(　　)			(　　)		
	유성음	(　　)	(　　)			(　　)		
마찰음	무성음	ɸ	(　　)	(　　)	(　　)			h
	유성음		z	ʒ				
파찰음	무성음		ts	tʃ				
	유성음		dz	ʤ				
탄설음	유성음		ɾ					

7. 다음 괄호를 채우세요.

1. 모음 あ → (　　　) 후설 광모음
2. 모음 う → 비원순 (　　　) 협모음
3. 모음 お → (　　　) 후설 (　　　)

chapter

3

일본어의 문자 · 표기

1. 문자란?

1.1 문자의 정의

음성언어는 일회적이며 직접적인데 이러한 음성언어의 제한을 보완하여 영구적이고 간접적으로 언어를 전달할 수 있도록 시각적으로 제도화한 기호가 문자(文字)이다. 문자는 음성보다 늦게 출현했으며, 음성은 언어가 성립하기 위한 필수요건이지만 언어가 반드시 문자를 동반하는 것은 아니다.

1.2 세계의 문자

세계에는 약 6,000에서 7000여 개의 언어가 있는 것으로 알려져 있으며 이 중 문자를 가지고 있는 언어는 약 400여 개로 추정된다.

문자는 한 글자, 한 글자가 일정한 의미를 나타내는 표의문자(表意文字)와 한 글자, 한 글자가 일정한 음을 나타내는 표음문자(表音文字)로 나누어진다. 일본과 한국은 표의문자와 표음문자 양쪽을 모두 사용하고 있다.

1.2.1 표의문자

표의문자는 문자 한 자 한 자가 하나의 단어를 나타내며, 일정한 의미와 일정한 읽는 법, 즉, 형태, 음, 의미를 지닌다. 의미의 단위가 단어와 대응하는 경우가 많아서, 표어문자(表語文字) 또는 단어문자(単語文字)라고도 한다. 표의문자는 문자 체계가 다수의 요소로 이루어져 있어 문자의 형태가 복잡한 편이며, 고대 이집트 문자, 한자 등이 여기에 속한다.

1.2.2 표음문자

산스크리트문자, 그리스문자, 로마자, 가나문자, 한글 등과 같이 한 글자가 일정한 음을 나타내는 문자를 표음문자라고 한다. 표음문자는 다시 음절문자와 음소문자로 나뉘는데, 일본어에서 히라가나와 가타카나는 음절문자, 한글과 로마자는 음소문자에 속한다.

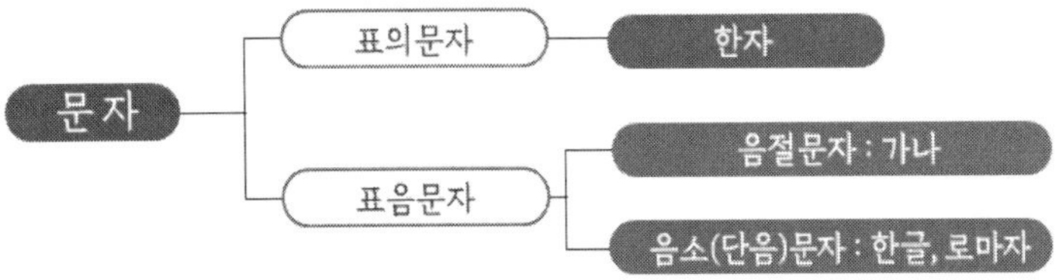

〈그림 3-1〉 문자의 분류

2. 일본의 문자

2.1 문자의 종류 및 특색

일본은 다른 언어와 달리 다양한 문자를 사용한다는 특징을 가지고 있다. 현재 일본에서는 한자(漢字), 히라가나(ひらがな), 가타카나(カタカナ)와 같은 세 종류의 문자를 사용하고 있으며, 그밖에 로마자나 아라비아 숫자 등을 병용하고 있다. 한자는 본래 중국에서 중국어를 기록하기 위해 발명된 문자이고 히라가나, 가타카나는 한자를 기본으로 일본에서 만들어진 문자이다.

2.2 표음문자와 표의문자의 병용

표음문자라는 것은「あ」「ア」「a」등과 같이 음을 나타내는 문자이며, 표의문자인 한자는 음과 동시에 의미를 나타낸다. 일본어는 한자와 가나를 섞어 쓰는데 조사나 조동사, 용언의 활용어미, 부사, 접속사, 감동사 등은 가나(히라가나)를 사용하고 명사나 동사 등의 어간 등 활용하지 않는 부분은 주로 한자를 사용하여 나타낸다.

3. 한자

3.1 한자의 기원

한자는 고대의 그림문자에서 발달한 표의문자로 기원전 1300년경 중국에서 만들어진 세계에서 가장 오래된 문자 중의 하나라고 일컬어진다. 한자가 처음 만들어질 당시 거북이 등껍질이나 짐승 뼈 등에 점치는 기록을 뾰족한 도구로 새겨 만들었다고 전해지는데 이것이 바로 갑골문자이다. 갑골문자는 약 3,000여 자에 이른다고 전해지고 있으나 그 중 해독된 것은 절반에 지나지 않는다.

3.2 한자의 전래

일본에서는 고유문자가 탄생하기 전, 한자라는 표의문자의 완성된 체계가 일본에 전래되었다. 한자의 전래 시기는 여러 가지 설이 있으나 4세기 후반 한반도에서 귀화인이 와서 대륙문화를 사용했으며, 5세기 이후가 되어서야 한자를 쓰기 시작했다는 설이 유력하다.

8세기까지는 일본인들이 문자로서 한자만을 사용하다가, 만요가나(万葉仮名)를 발명하여 한자를 사용하여 일본어를 표기하게 되었으며, 이 만요가나는 8세기에서 9세기에 걸쳐 히라가나, 가타카나 탄생의 기반이 되었다.

3.3 한자의 구성 및 사용법

후한의 허신은 설문해자(説文解字)라는 책에서 한자를 그 구성 및 사용법에 따라 6종류로 구별하고 있다. 이 6가지를 육서(六書)라고 하는데 상형(象形), 지사(指事), 회의(会意), 형성(形声), 전주(転注), 가차(仮借)가 그것이다.

■ 상형(象形) … 사물 등의 형태를 본떠 만든 문자로 한자 중에 가장 기본적이며 수가 적다.

예 日, 月, 山, 水, 魚, 馬 등

■ 지사(指事) … 형태를 묘사할 수 없는 추상적인 개념을 나타내기 위하여 고안된 부호와 같은 문자로 상형과 지사 두 가지에 의해 모든 한자의 기본형이 만들어졌다.

예 一, 二, 三 : 옆선의 수로 수의 개념을 나타냄
上, 下 : 一의 위아래에 「・」을 붙인 것
木 : 위・아래쪽에 一를 붙인 것이 末, 本

■ 회의(会意) … 둘 혹은 셋 이상의 문자의 형태를 조합하고, 동시에 그 의미도 합하여 만든 문자로 획을 생략하는 경우도 있다.

예 炎 : 「火」가 겹쳐져 있는 것
森, 林 : 「木」이 쌓여 있거나 나란히 있는 것
孝 : 「老人」을 「子」가 업고 있다는 뜻으로 「匕」획이 생략
轟 : 車가 모여 내는 소리

■ 형성(形声) … 두 가지 문자를 합하여 만든 글자로 반은 의미를, 반은 음을 나타낸다. 한자의 대부분이 이러한 구성에 의해 만들어졌다.

예 江, 河 : 「氵」은 의미, 「工, 可」는 음을 나타냄
問, 聞 : 門은 음, 口, 耳는 의미를 나타냄

■ 전주(転注) … 하나의 단어가 한자 본래의 의미에서 다른 의미로 전용되는 것을 가리킨다.

예 楽 : '음악(音楽 : おんがく)'이라는 의미에서 '즐겁다(楽しい)'라는 의미로 쓰이게 되고 음도 'らく(娯楽 : ごらく)'가 됨

悪 : '나쁘다(善悪 : ぜんあく)'라는 의미에서 '미워하다(憎む)'라는 의미로 쓰이게 되고 음도 'お(憎悪 : ぞうお)'가 됨

■ 가차(仮借) … 한자 본래의 의미에 관계없이 같은 음 또는 근사한 음의 다른 단어로 사용되는 것을 말한다.

예 耳 : 한정조사 「のみ」로 사용

印度, 巴里 : 외국 지명이나 인명

倶楽部 : 외래어

阿弥陀, 釈迦 : 범어의 음역

也末, 阿米 : 만요가나

이 중에서 상형, 지사, 회의, 형성은 한자의 구성법으로 본 분류이며, 전주, 가차는 한자의 사용법에서 본 분류이다.

이상과 같은 한자는 중국의 강희자전(康熙字典)에 실려 있는 40,545자이며 일본의 한자사전인 모로하시데츠지(諸橋轍次)의 대한화사전(大漢和辞典)에는 48,902자가 수록되어 있다.

한자는 이밖에 일본에서 만들어진 국자(国字)가 있으며, 국자는 회의 원리에 의해 만들어진 것이 대부분이다.

예 「峠(とうげ)」「辻(つじ)」「榊(さかき)」 등

3.4 한자를 읽는 방법

한자를 읽는 방법에는 음독, 훈독 외에 쥬바코요미(重箱読み), 유토요미(湯桶読み)가 있다.

3.4.1 음독

음독이라는 것은 중국어의 발음에 근거하여 한자를 읽는 방법으로, 한자음이 중국어에서 도입된 시기와 지방을 기준으로 오음(呉音), 한음(漢音), 당음(唐音)으로 분류된다. 또한 일본에서 독자적으로 변화한 관용음(慣用音)이 있다.

■ 오음 … 6세기에서 7세기에 걸쳐 일본은 중국의 남조와 교섭을 하였는데 중국의 남부에서 쓰이던 음이 전래된 것이 오음이다. 오음은 불교용어가 중심을 이루고 있고 한음 도입 이후에도 한음과 병용되어 사용된다.

예 「法師(ホウシ)」「功徳(クドク)」「布施(フセ)」 등

■ 한음 … 7세기 이후 중국의 수나라 및 당나라 중기에 걸쳐 장안(長安)을 중심으로 하는 서북지방의 음이 일본에 전래되었는데 이것을 한음이라 한다. 수당의 문화를 전하는 새로운 중국어음으로 귀족들 사이에 정음(正音)으로써 적극적으로 받아들여졌으며, 오음과 더불어 일본 한자음의 근간을 이루는 음이다.

예 「気力(きりょく)」「経歴(けいれき)」「生命(せいめい)」「殺人(さつじん)」 등

■ 당음… 10세기 이후 가마쿠라(鎌倉)시대에 접어들면서 선종의 유행과 더불어 종래의 한음과는 다른 음이 일본에 전래되었는데 이를 당음 또는 송음, 당송음이라고 한다. 선종에 관련된 용어나 사물을 중심으로 전래되었으며, 오음이나 한음에 비해 유포 범위는 좁은 편이다.

예 「行脚(アンギャ)」「提灯(チョウチン)」「饅頭(マンジュウ)」등

다음은 같은 한자의 음을 비교한 표이다. 모든 한자에 이 세 가지 음이 모두 갖추어진 것은 아니며 오음, 한음이 같은 음인 경우도 있고 당음이 없는 경우가 많다.

〈표 3-1〉 한자음 비교표

한 자	오 음	한 음	당 음
京	ケイヒン (京浜)	キョウト (京都)	ナンキン (南京)
行	ギョウレツ (行列)	コウドウ (行動)	アンギャ (行脚)
頭	ズツウ (頭痛)	トウブ (頭部)	マンジュウ (饅頭)
内	ナイチ (内地)	ケイダイ (境内)	
男	ダンシ (男子)	ダンシ (男子)	センス (扇子)

■ 관용음… 한자의 방을 잘못 유추하여 읽은 것이 굳어진 음이다. 다음 한자는 「輸(シュ)」「滌(デキ)」「 撹 (コウ)」등을 방의 음으로 잘못 유추하여 읽은 것이 굳어진 음이다.

예 「輸入(ユニュウ)」「洗滌(センジョウ)」「撹乱(カクラン)」등

3.4.2 훈독

훈독이라고 하는 것은, 한자가 지닌 의미에 근거하여 일본어로 읽는 법을 말한다.

예 「読(よ)む」「国(くに)」「春雨(はるさめ)」 등

한자 문화권 중에서 일본어는 유일하게 훈을 만듦으로써, 한자를 일본어라는 새로운 언어에 순응시키는 것에 성공했지만, 동시에 이것은 다음과 같이 한자의 읽기를 극히 번잡하게 하는 결과를 초래했다.

■ 하나의 한자에 하나의 훈이 대응하는 경우

예 「山」: 「やま」, 「花」: 「はな」 등

■ 둘 이상의 훈이 존재하는 경우

예 「上」: 「うえ, かみ, あげる, のぼる」 등

■ 하나의 훈에 둘 이상의 한자가 대응하는 경우

예 「はかる」: 「計, 測, 図, 量, 謀, 諮」 등
→ 동훈이자(同訓異字)

■ 한자가 둘 이상 합해져 하나의 훈을 지닌 경우

예 「海女(あま)」 「五月雨(さみだれ)」 「土産(みやげ)」 「梅雨(つゆ)」 등
→ 숙자훈(熟字訓)

또한 다음 예와 같이 한자 본래의 의미와 관계없이 음과 훈을 차용하여 나타낸 글자를 아테지(当て字)라 한다. 아테지는 가차(仮借)의 일종이라

고 할 수 있으며 원래 한자가 없는 고유어, 외국의 고유명사나 외래어 표기 등에 사용된다.

예 「出鱈目(でたらめ)」「素的(すてき)」「仏蘭西(フランス)」「珈琲(コーヒー)」 등

3.4.3 쥬바코요미(重箱読み)와 유토요미(湯桶読み)

한자를 읽는 방법에는 음독, 훈독 외에 음과 훈이 복합된 쥬바코요미, 유토요미가 있다. 쥬바코요미는 음과 훈의 순서로 결합된 것이며, 유토요미는 훈과 음의 순서로 결합된 것이다.

예 쥬바코요미 : 「気持ち(キもち)」「借屋(シャクや)」「台所(ダイどころ)」 등

유토요미 : 「手数(てスウ)」「身分(みブン)」「荷物(にモツ)」등

4. 가나

일본에는 원래 일본어를 나타내기 위한 문자가 존재하지 않아 한자를 빌려 일본어를 기록하였다. 그러나 중국식 표기법으로는 일본어를 표기하는데 한계가 있어 중국식과는 무관한 방법으로 일본어를 표기하기 시작했는데 이것이 바로 한자의 음과 훈을 빌어 일본어를 나타내는 가나(仮名)이다. 가나라는 명칭은 '仮り名'에서 온 것으로 진정한 문자인 한자 '真名'와는 다른 가짜 문자라는 의미이다. 이러한 가나에는 만요가나(万葉仮名), 히라가나(平仮名), 가타카나(片仮名) 세 종류가 있다.

4.1 만요가나(万葉仮名)

8세기 나라(奈良)시대에는 한자와 한문에 대한 높은 독해력을 바탕으로 한자로 일본어를 표기하는 방식인 만요가나가 사용되었다.

예 山(やま) → 也末、雨(あめ) → 阿米、音(おと) → 於登 등

만요가나는 한자의 의미와 관계없이 한자를 그대로 일본어음 표기에 사용한 것으로, 다음과 같이 오늘날 가나로 표기하는 부분까지 한자를 사용하였다.

예 「会(あ)いたい」라는 의미의 고어

: 「会わむ」→「阿波牟」로 표기

만요가나에는 다음과 같이 한자의 음을 이용한 음가나와, 훈을 이용한 훈가나가 있다.

예 「ヤマト」 : [음가나] 「夜麻登」

[훈가나] 「八間跡」

「ナツカシ」: [음가나] 「奈都可思」「奈都可之」

[훈가나] 「夏借」「夏樫」

현재 만요가나는 사용되지 않으나 伊勢(いせ), 能登(のと) 등 주로 지명에 남아 있다. 이후 이러한 만요가나가 모태가 되어 9세기인 헤이안(平安) 초기에 히라가나와 가타카나가 탄생하게 된다.

4.2 히라가나(平仮名)

히라가나는 만요가나의 초서체인 소가나(草仮名)의 자체를 간략화하여 만들어낸 음절문자의 하나이다. 「犬」의 만요가나는 「伊奴」로 「伊」는 「以」로도 쓰는데, 히라가나 「い」와 「ぬ」는 「以」와 「奴」의 초서체에서 만들어진 글자이다.

당시 한자는 마나(真名), 오토코데(男手)라고 불렸던 반면, 히라가나는 가나(仮名), 온나데(女手)라 하여 주로 여성들이 사용하였다. 헤이안 시대에 히라가나는 와카(和歌), 일기와 모노가타리(物語)에 주로 사용되었고 10세기 초 고킨슈(古今集)의 칙찬에 의해 가나가 공식적으로 인정되었으며, 사적으로는 기노 쓰라유키(紀貫之)가 『도사닛키(土佐日記)』를 가나문으로 집필하였다.

예 をとこもすなる日記(にき)といふものを
(현대어 역 : 男がする(書く)という日記というものを、)
をむなもしてみむとてするなり。
(현대어 역 : 女(の私)もして(書いて)みようと思って書くのである。)
-土佐日記『門出』より-

헤이안 중기 이후, 여류작가들에 의해 모노가타리, 일기, 수필이 성행하였으며, 이러한 가나 문학 발달과 더불어 히라가나 또한 점차 완성되어 갔다. 글자체는 1900년 소학교령시행규칙(小学校令施行規則)에 의해 통일되어 현재 총 46자가 사용되고 있다.

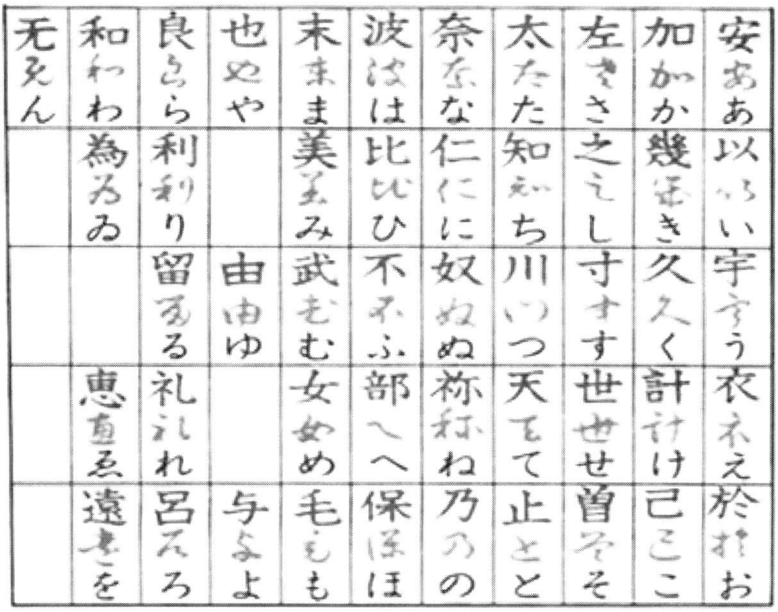

〈그림 3-2〉 히라가나

4.3 가타카나(片仮名)

가타카나도 만요가나에서 변화 · 발달된 문자이다. 「片」는 완전하지 않다는 뜻으로 가타카나는 만요가나 자획의 일부를 취하거나 생략하여 만든 음절문자의 일종이다. 예를 들어, 「犬」의 만요가나는 「伊奴」로 가타카나 「イ」는 「伊」의 왼쪽 변을, 「ヌ」는 「奴」의 오른쪽 방을 추출하여 만들어졌다.

ア阿	イ伊	ウ宇	エ江	オ於
カ加	キ幾	ク久	ケ介	コ己
サ散	シ之	ス須	セ世	ソ曽
タ多	チ千	ツ川	テ天	ト止
ナ奈	ニ仁	ヌ奴	ネ祢	ノ乃
ハ八	ヒ比	フ不	ヘ部	ホ保
マ末	ミ三	ム牟	メ女	モ毛
ヤ也		ユ由		ヨ與
ラ良	リ利	ル流	レ礼	ロ呂
ワ和				ヲ乎
ン尓				

〈그림 3-3〉 가타카나

가타카나는 훈독(訓読)에 필요한 여러 가지 내용을 한문의 행간에 써넣기 위한 문자로서 헤이안 초기 승려 사회를 중심으로 발달하였다. 가마쿠라(鎌倉) 시대에 성행한 가타카나혼용문(片仮名交じり文)은 메이지 이후에도 문어체의 법령, 조칙 등에 사용되었는데, 제2차 세계대전 이후 국어개혁에 의해 히라가나혼용문(平仮名交じり文)으로 전환되었다.

현재 가타카나 표기는 외래어, 외국어, 외국의 인명 · 지명, 전문용어, 속어, 은어, 동 · 식물명, 의태어 · 의성어, 방언 부분에 주로 사용된다. 메이지 이후 현재와 같은 글자체로 통일되었으며, 문자 수는 총 46자이다.

5. 로마자

로마자는 일본어를 라틴문자에 의해 표기한 것으로, 로마자가 일본에서 사용된 것은 무로마치(室町) 말기부터이다. 로마자는 당시 일본에 들어온 포르투갈과 스페인 기독교 선교사들이 포교를 위해 만든 교의서와 일본어 학습을 위해 만든 사전류, 문법서, 문학서 등을 로마자로 표기한 것에서 시작되었다. 에도(江戸) 시대에는 네덜란드인이나 난학자(蘭学者), 에도 말기에서 메이지(明治) 초기에는 구미인들이 로마자로 일본어를 표기하면서 널리 보급되었다. 메이지 이후 로마자를 일본 국자로 바꾸려는 운동이 일어나기도 하였으나 현대에는 지명이나 역명, 인명 등을 외국인에게 표시할 경우나 컴퓨터로 문자를 입력하는 경우 주로 사용된다.

6. 일본어의 표기

일본에서의 국어정책은 주로 문자, 표기를 둘러싸고 전개되어 왔다. 일본에서는 한자, 가나표기법(仮名遣い), 오쿠리가나(送り仮名) 등에 관한 정책을 다음과 같이 제정하여 시행해 왔다.

〈표 3-1〉 국어 정책 추진 현황

구분	내용
1973년	오쿠리가나 붙이는 법(1981년 일부 개정)
1981년	상용한자표(2010년 일부 개정)
1986년	현대가나표기법(2010년 일부 개정)
1991년	외래어 표기

이와 같은 내용은 법령, 공용문서, 신문, 잡지, 방송 등 일반 사회생활에서 현대 일본어를 표기할 경우의 기준이나 근거를 나타낸다.

6.1 가나표기법(仮名遣い)의 역사

가나표기법은 가나로 표기할 때의 일정한 기준을 말한다. 현재 일본에서는 현대일본어를 표기하기 위한 근거로서 현대가나표기법이 제정되어 시행되고 있다. 여기에서는 시대별 가나표기법의 역사에 대해 개관하기로 한다.

6.1.1 헤이안 중기 이후

표기와 발음이 혼란했던 시기로 헤이안 중기 경부터 어중, 어미의 ハ행 음이 ワ행 음으로 발음되기 시작한다.

예 かは(川) → カワ(이전에는 カファ로 발음)

음운상으로는 /wi//i/, /we//e/, /wo//o/가 통합되기 시작했으며 가나에 의한 표기법이 확립되기 시작했으나 아직 사회적 규범으로는 이르지 못했다.

6.1.2 가마쿠라(鎌倉) 시대

후지와라 데이카(藤原定家, 1162~1241)에 의해 데이카가나즈카이(定家仮名遣い)가 제창되어 중세 가나표기법의 근거가 되었다. 후지하라 데이카는 데이카가나표기법에서 음운 변화에 관한 「お.を, え.へ.ゑ, い.ひ.ゐ」의 8개 항목을 설정하고 60여 단어를 실례로 들어 사용해야 할 가나를 나타냈다.

예 おひ(甥), ゆくゑ(行方), かほる(香る) 등

또한 악센트의 고저에 따라 고음을「を」, 저음을「お」와 같이 구분하여 표기하였다.

예 고음 : をろか(愚か), てをけ(手桶) 등
저음 : おしむ(惜しむ), おけ(桶) 등

6.1.3 에도(江戸) 시대

국학자 게이추(契沖, 1640~1701)는 만요슈, 니혼쇼키(日本書紀), 고지키 등을 연구하면서, 문헌에 나타난 가나 용법이 당시 행해지고 있던 데이카가나표기법과 다르다는 것을 알고, 다음과 같이 단어의 의미에 따른 새로운 가나표기법을 주장하였다.

예 居(ゐ)る, 入(い)る 등
笑(ゑ)む, 円(えん) 등

게이추가나표기법은 역사적가나표기법(歴史的仮名遣い)의 기초가 되는 가나표기법으로, 이후 여러 학자들이 게이추의 이론을 수정, 보완하였지만 대부분의 일반인들은 자유로운 표기법을 사용하고 있었다.

6.1.4 메이지(明治) 시대

메이지 시대의 교과서나 법령의 문장은 역사적가나표기법에 의거해 표기하였으며 1946년 현대가나표기법이 공포되기 전까지 일반 사회에서도 널리 역사적가나표기법이 시행되었다. 역사적가나표기법의 주요 내용은 다음과 같다.

①「ゐ、ゑ」→「イ、エ」(「ゐ、ゑ」의 가타카나→「ヰ、ヱ」)

예 ゐる → いる(居る), こゑ → こえ(声) 등

②「を」→「オ」

예 をばさん → おばさん 등

③「ぢ、づ」→「ジ、ズ」

예 おぢいさん → おじいさん, まづ → まず(先ず) 등

④ 어두 이외의「は、ひ、ふ、へ、ほ」→「ワ、イ、ウ、エ、オ」

예 かは→かわ(川), 会ひます→会います, 使ふ→使う 등

6.1.5 현대

현재 시행되고 있는 현대가나표기법은 1946년에 내각 고시된 것을 1986년에 개정한 것이다. 현대가나표기법의 주요 내용은 다음과 같다.

① 조사「を, は, へ」→「を, は, へ」사용

예 本<u>を</u>読む, 私<u>は</u>東京<u>へ</u>行きます。

② 동사「いう(言う)」→ 활용 등을 감안하여 「ゆう」가 아닌 「いう」 사용

③「じ」「ぢ」는 「ジ」,「ず」「づ」는「ズ」 사용, 단, 다음과 같은 경우에는 예외

(i) 동음의 연호(連呼)에 의해 생긴「ぢ」「づ」

예 ちぢみ(縮), つづみ(鼓), つづく(続) 등

(ii) 두 말의 연합에 의해 생긴「ぢ」「づ」

예 はなぢ(鼻血), まぢか(間近), みっかづき(三日月), てづくり(手作り) 등
→ 두 단어로 나누기 어려운 경우 「じ」「ず」 사용이 원칙이나 「せかいぢゅう(世界中)」, 「いなづま(稲妻)」와 같이 「ぢ」「づ」를 사용할 수도 있음

④ 다음과 같은 단어는 オ열 가나에「お」를 덧붙여서 사용

예 おおかみ(狼), おおせ(仰), こおり(氷), とお(十),
いきどおる(憤), おおう(覆), とおる(通),
もよおす(催), おおい(多), おおきい(大),
とおい(遠), おおむね 등

→ 이외는 「う」로 표기하거나, 「エ」열의 장음은 「え」와 「い」를 덧붙여서 사용

6.2 오쿠리가나

일본에서 한자와 가나를 병용하는 표기법은 세계에서도 그 유래를 찾아보기 힘든 특이한 방식이다. 일본어의 단어를 한자와 가나로 표기할 때 가나로 표기하는 부분을 오쿠리가나라라고 한다.

일본에서는 1973년 「오쿠리가나 붙이는 법」이 제정되었으며, 1981년에 일부 개정되었다. 학교 교육이나 매스컴 등은 원칙 중시의 입장을 보이지만 개정에 의해 예외나 허용이 늘어났기 때문에 개인적인 표기에서는 혼동을 일으키는 요인이 되기도 한다. 오쿠리가나 붙이는 법을 살펴보면 다음과 같다.

① 활용하는 단어는 활용 어미를 가나로 쓴다.
② 활용하지 않는 단어는 가나를 붙이지 않는다.
③ 예외, 허용, 관용 등을 인정

예

예외 : 「動く - 動かす」 (「動かす」에 「動く」가 포함)
허용 : 「聞こえる」는 「聞える」라도 오독의 우려가 없으므로 「聞こえる」지만, 「聞える」도 허용
관용 : 「氷, 帯, 煙, 話, 光」는 동사에서 전성되어 명사로 쓰임

6.3 로마자 표기법

6.3.1 헤본식(ヘボン式)

미국인 선교사 헤본(J. C. Hepburn, 1813~1911)은 1867년 『와에이고린슈세이(和英語林集成)』(초판본)를 출판하여 영어식로마자 표기법을 채용하였다. 1885년 로마자회(羅馬字会)는 로마자를 일본의 국자로 할 목적으로 새로운 표기 방식을 결정하여 발표했는데, 이 표기법이 1886년 헤

본의 『와에이고린슈세이』(제3판)에 채용됨에 따라 헤본식이라 불리게 되었다. 이후 헤본식은 수정되어 현대 일본어 음성에 보다 가깝게 바뀌어 표준식이라고도 불리게 되었다. 표준식은 다음과 같이 サ, ザ, タ, ダ, ハ행의 각 행 중의 자음을 하나로 통일하지 않고 음의 차이에 따라 구별하고 있다. 표준식은 실제 음에 비교적 가까운 로마자 표기법이라고 할 수 있다.

예

サ행 : 「sa, shi, su, se, so」
タ행 : 「ta, chi, tsu, te, to」
발음(撥音) 표기 : m, n 두 종류로 구별

6.3.2 일본식(日本式)

1886년 다나카다테아이키(田中館愛橘) 등이 헤본식 표기법에 이론(異論)을 제기하며 오십음도에 근거한 별개의 표기법을 주장하였는데, 이것이 일본식이다. 일본식은 오십음도를 기준으로 다음과 같이 같은 행의 자음은 같은 표기법으로 통일하였다.

예

サ행 : 「sa, si, su, se, so」
タ행 : 「ta, ti, tu, te, to」
발음(撥音) 표기 : n만을 사용

6.3.3 훈령식(訓令式)

훈령식은 1937년 일본정부의 내각 훈령에 의해 공포한 로마자 표기법으로 이 방식은 거의 일본식을 받아들인 표기법이라고 할 수 있다. 이후 1954년에 정부는 다시 새로이 훈령을 발표하는데 제1표에는 훈령식을, 제2표에는 훈령식과 다른 표준식(헤본식)과 일본식을 기재하였다.

그 서두에는 제1표의 표기법을 기준으로 하면서 국제적 관계나 관례에 따라 고치기 어려운 경우에는 제2표의 표기법에 따라도 좋다는 취지가 적혀 있어 허용의 범위가 넓어졌음을 알 수 있다. 예를 들어 「松山」라는 고유명사는 「MATUYAMA」 또는 「MATSUYAMA」와 같이 두 종류로 표기가 가능하다. 일반적으로 JR역 명이나 도로명의 표시, 인명 등에는 헤본식이 많이 사용되고 초등교육에서는 훈령식이 많이 쓰인다.

第 1 表　　〔( )は重出を示す。〕

a	i	u	e	o			
ka	ki	ku	ke	ko	kya	kyu	kyo
sa	si	su	se	so	sya	syu	syo
ta	ti	tu	te	to	tya	tyu	tyo
na	ni	nu	ne	no	nya	nyu	nyo
ha	hi	hu	he	ho	hya	hyu	hyo
ma	mi	mu	me	mo	mya	myu	myo
ya	(i)	yu	(e)	yo			
ra	ri	ru	re	ro	rya	ryu	ryo
wa	(i)	(u)	(e)	(o)			
ga	gi	gu	ge	go	gya	gyu	gyo
za	zi	zu	ze	zo	zya	zyu	zyo
da	(zi)	(zu)	de	do	(zya)	(zyu)	(zyo)
ba	bi	bu	be	bo	bya	byu	byo
pa	pi	pu	pe	po	pya	pyu	pyo

第 2 表

sha	shi		shu	sho
			tsu	
cha	chi		chu	cho
			fu	
ja	ji		ju	jo
di	du	dya	dyu	dyo
kwa				
gwa				
				wo

〈그림 3-1〉 훈령식 제1표, 제2표

ア行	a	i	u	e	o			
カ行	ka	ki	ku	ke	ko	kya	kyu	kyo
	〔kwa〕*							
サ行	sa	si	su	se	so	sya	syu	syo
		shi				**sha**	**shu**	**sho**
タ行	ta	ti	tu	te	to	tya	tyu	tyo
		chi	**tsu**			**cha**	**chu**	**cho**
ナ行	na	ni	nu	ne	no	nya	nyu	nyo
ハ行	ha	hi	hu	he	ho	hya	hyu	hyo
			fu					
マ行	ma	mi	mu	me	mo	mya	myu	myo
ヤ行	ya		yu		yo			
ラ行	ra	ri	ru	re	ro	rya	ryu	ryo
ワ行	wa				〔wo〕*			
ガ行	ga	gi	gu	ge	go	gya	gyu	gyo
	〔gwa〕*							
ザ行	za	zi	zu	ze	zo	zya	zyu	zyo
		ji				**ja**	**ju**	**jo**
ダ行	da	zi	zu	de	do	zya	zyu	zyo
		〔di〕	〔du〕			〔dya〕	〔dyu〕	〔dyo〕
		ji				**ja**	**ju**	**jo**
バ行	ba	bi	bu	be	bo	bya	byu	byo
パ行	pa	pi	pu	pe	po	pya	pyu	pyo

〈그림 3-2〉 훈령식, 일본식, 헤본식 표기법 비교

* 훈령식 기준이며 네모안은 헤본식, [ ]안은 일본식을 나타내며 [ ]*은 특정 단어에 사용되는 일본식 표기법을 나타냄

6.4 한자 문제

일본에서는 사용하는 한자는 그 수도 많고, 한자음도 오음, 한음, 당음 등으로 구별되며, 훈도 하나의 한자에 복수가 존재하거나 두 자 이상의 숙어가 하나의 훈을 갖는 경우도 많다. 이처럼 한자의 용법이 복잡해 언어생활에 방해가 되므로 메이지 이후 한자 제한론과 한자 폐지론을 주장하는 사람이 생겨나기도 했다. 제2차 세계대전 이후인 1946년 일본 정부는 한자를 제한하고자 「당용한자표(当用漢字表)」(1850자)를 공포하였고 한자 자체의 불통일이나 복잡함을 피하기 위해 1949년 「당용한자 자체표」를 제정하였다. 이후 1981년에 공포된 「상용한자표(常用漢字表)」(1945자)가 한자사용의 기준이 되었는데 상용한자표는 법령, 공용문, 신문, 방송 등 공적으로 사용하는 한자 일람표로 2010년에 1945자에서 2136자로 개정되게 된다.

6.4.1 한자의 자수(字数)

모로하시테츠지(諸橋轍次)편의 『대한화사전(大漢和辞典)』에는 48,902자의 한자가 수록되어 있는데 일본에서 실제 일상생활을 영위하는데 필요한 한자 수는 약 4,000자 정도로 추정되고 있다. 1981년 일본 정부에서는 상용한자표 1945자를 공포(2010년 2136자로 개정)하여 한자의 자수를 제한하기도 하였고 나아가 2004년에는 호적법 시행 규칙 개정에 따라 「인명용 한자」 488자(현재 863자)를 제시하였다. 상용한자 중 약 1,000자는 초등학교 과정 6년간 학습할 교육한자로 각 학년마다 학습해야 할 한자가 배당되어 있다. 그러나 이러한 제한은 공적인 부문에서의 제한에 불과하며 컴퓨터 등의 보급으로 사용 한자 수는 점점 더 증가하는 추세이다.

6.4.2 한자의 자체(字体)

일상적으로 사용되는 한자 자체에 대해서는 1949년 고지된 당용한자 자체표 및 1981년 발표된 상용한자표에서 표준적인 자체, 즉 신자체(新字体)를 설정하고 있다. 1948년 이전의 자체를 구자체(旧字体)라고 불러 신자체와 구분하고 있는데 신자체는 다음과 같이 구자체의 방을 동음의 획수가 적은 글자로 바꾸거나 복잡한 부분을 생략하여 기호로 바꾸는 등의 방법으로 간략화한 것이다.

예 「学 : 學」, 「当 : 當」, 「桜 : 櫻」 등

한편 이자체(異字体)란 「斉 : 斎」「峰 : 峯」「竜 : 竜」와 같이 동일한 의미, 음을 가지면서 자체가 다른 한자를 말한다.

예 「斉 : 齋」「峰 : 峯」「竜 : 龍」 등

연습문제 일본어의 문자표기

1. (　　　　　　　　　　)는 나라 말기에서 헤이안 중기에 걸쳐서 서서히 히라가나로 이행되었으며 현재는「伊勢(いせ)」「能登(のと)」 등의 지명에 그 잔재가 남아있다.

2. 후한의 허신은 설문해자(説文解字)에서 육서(六書)로 모든 한자의 구성 원리를 설명하고 있는데 이 중 (　　　　　　　　　　)는 하나의 단어가 한자 본래의 의미에서 다른 의미로 전용되는 것을 말한다.

3. 6세기에서 7세기에 걸쳐 일본은 중국의 남조와 교섭을 하였는데 중국 남부에서 쓰이던 음이 전래된 것이 (　　　　　　　　　　)이며, 法師(ほうし), 功徳(くどく) 등과 같은 종류가 있다.

4. (　　　　　　　　　　)는 만요슈, 니혼쇼키, 고지키 등을 연구하면서, 문헌에 나타난 가나 용법이 당시 행해지고 있던 가나표기법과 다르다는 것을 알고, 단어의 의미에 따른 새로운 가나표기법을 주장하였다.

5. (　　　　　　　　　　)는 법령, 공용문, 신문, 방송 등 공적인 자리에서 사용하는 한자일람표로 2010년에 1945자에서 2136자로 개정되었다.

chapter

4

일본어의 어휘 · 의미

1. 어휘란?

1.1 단어와 어휘

단어는 의미를 가진 최소의 독립된 단위(word)이며, 어휘는 단어의 체계적인 집합(vocabulary)으로 언어활동 속에서 사용되는 단어의 총체를 가리킨다.

어휘는 '어떠한 어휘를 사용하는가'라는 질적인 측면과 '몇 단어 정도 사용하는가'라는 양적인 측면을 지니는데, 질적인 측면에서는 대상으로 해야 할 혹은 학습해야 할 어휘 선정이 필요하다. 또한, 양적인 측면에서는 기본어휘의 선정 등 여러 가지 목적에 따라 필요한 어휘의 계량이 필요하게 된다.

1.2 어휘 조사

어휘조사란 어휘의 양적인 구성이나 언어사용 상황을 밝히기 위해 어떠한 단어가 어느 정도 사용되고 있는지를 조사하는 것을 말한다. 어휘조사의 목적은 어휘의 양적인 구조와 특징을 파악하고 기본적인 어휘를 선정하는 것이다.

어휘조사 시 중요하게 사용되는 용어에 연어(延語)와 연어수(延べ語数), 별개어(異なり語)와 별개어수(異なり語数)가 있다. 연어란 어휘조사 시 조사대상을 단어 단위로 나눈 것이고, 이 개수가 연어수이다. 별개어란 어휘조사 시 같은 단어를 하나로 정리한 것으로 이때 나온 단어의 개수를 별개어수라고 한다. 별개어수 대신에 표제어라는 용어를 사용하기도 한다.

예를 들어 다음 예에서 조사대상인 언어자료를 단어 단위(/)로 나눈 것이 연어이고 그 개수, 즉 연어수는 25개이다. 또한, 같은 단어를 하나로 정리한 별개어는「春, が, 来, た, どこ, に, 山, 里, 野, も」이고 별개어수는 10개가 된다.

예

春 / が / 来 / た 春 / が / 来 / た どこ / に / 来 / た 山 / に / 来 / た 里 / に / 来 / た 野 / に / も / 来 / た

또한 사용률은 총 연어수에 대한 별개어의 사용비율을 말한다. 즉, 각각의 단어가 언어자료 속에서 어느 정도 사용되는지를 나타내는 것으로 위의 예에서「春」는 전체 연어수 25개 중, 2번 사용되었으므로 사용률은 2/25*100=8%가 된다.

일본에서는 1945년 이후 국립국어연구소를 중심으로 언어학적 관점에서의 대규모 어휘 조사가 활발히 이루어지고 있다.

1.3 어휘량

어휘량이란 어떤 범위의 어휘를 구성하고 있는 별개어(표제어)의 총량을 가리킨다. 예를 들어 다음과 같은 사전에서 별개어수는 각각 50만어, 23만어, 7만 5천어이다.

예

小学館『日本国語大辞典第2版(2012)』: 50만어
岩波書店『広辞苑第7版(2018)』: 23만어
三省堂『新明解国語辞典第7版(2017)』: 7만 5천어

어휘조사에서 중요시되는 것은 어휘량과 사용률인데 국립국어연구소의 어휘 조사 결과, 개인차는 있으나 현대 일본어에서 성인이 사용하고 있는 어휘량은 약 4만어에서 5만어 정도이며 현대 일본어에서 성인이 사용하는 4만어에서 5만어 중 말하고 쓰는 실제 사용어휘량은 약 1만 5천어정도로 추정된다. 또한 직접 말하지 않아도 듣거나 읽어서 의미를 알 수 있는 이해어휘량은 약 4만어 정도로 추정된다. 다음 표〈4-1〉은 구두어, 문장어에서 사용률이 높은 단어이다.

〈표 4-1〉 사용률(=사용 빈도)이 높은 단어

구분	사용률이 높은 단어
문장어	「する, いる, ある, なる, 言う」등의 기본 동사 「こと, もの」등의 명사
구두어	「これ, この, そう, その」등의 지시어 「うん, ええ, そう」등의 응답사 「まあ, あっ」등의 감동사

1.4 기본어휘와 기초어휘

1.4.1 기본어휘(基本語彙)

기본어휘란 어휘 조사에 의해 선정된 사용률이 높고 사용 범위가 넓은 어휘를 말한다. 기본어휘는 통계적 방법에 의해 추출되므로 객관적이지만 경우에 따라서는 조사대상의 특징을 가진 언어가 포함될 가능성이 있으므로 기본어휘 선정에 있어 객관성을 유지하기 위해서는 넓은 범위에 걸쳐 여러 언어자료를 대상으로 조사해야 할 필요가 있다.

〈표 4-2〉 기본어휘의 구체적 예

	抽出語	出現数
1	する	1479
2	できる	291
3	能力	243
4	目標	232
5	理解	211
6	社会	209
7	授業	186
8	実践	185
9	課題	169
10	経営	146
11	活動	145
12	講義	144
13	なる	137
14	解決	130
15	学ぶ	129
16	医療	128
17	知識	128
18	企業	127
19	様々	118
20	ない	115

←伊藤春子(2018)「経営学部で学ぶ外国人留学生のための基本語彙調査-シラバスを用いた試行調査-」『星城大学研究紀要』18

国立国語研究所(1984)『日本語教育のための基本語彙調査』国立国語研究所報告78 →

あ→あ(っ)
ああ〔副・感〕
―
あい(愛)
あいかわらず(相変)
あいさつ(挨拶)
あいじょう(愛情)
あいず(合図)
アイスクリーム
あいする(愛)
あいそう(愛想)
あいだ(間)
あいて(相手)
アイデア
あいにく(生憎)
あいま(合間)
あいまい(曖昧)
アイロン
あう(合・会・逢)

표〈4-2〉는 기본어휘의 구체적 예를 나타낸 것으로 이토하루코(2018)는 경영학부 외국인 유학생을 위한 기본어휘조사에서 추출된 상위 20개어를 제시한 것이고, 국립국어연구소(1984)는 일본어교육을 위한 기본어휘 조사에서 추출된 단어의 일부를 제시한 것이다.

1.4.2 기초어휘(基礎語彙)

기초어휘란 한 언어에서 기본적인 의사소통에 꼭 필요한 최소한의 어휘로, 일상의 언어생활에 필요한 최소한의 어휘를 일정 수만큼 주관적인 판단에 의해 체계적으로 선정한 것을 말한다. 다음은 기초어휘의 구체적 예이다.

예 「ひと」에 관한 기초어휘(「基礎語彙分類表(土居1933)」)

兄(あに) 姉(あね) 相手(あいて) 妹(いもうと) をぢ 主(ぬし) 男(おとこ) 弟(おとうと) をば 女(おんな) 子(こ)
先祖(せんぞ) 父(ちち) 友(とも) 母(はは) ひと 夫人(ふじん) 王(おう) 天皇(てんのう) 皇后(こうごう) 客(きゃく)

기본어휘가 객관적이고 통계적이며 귀납적인데 반해 기초어휘는 주관적, 인위적이며, 연역적이라 할 수 있다. 기초어휘는 주관적으로 선정되므로 선정된 어휘가 개인의 주관에 의해 편중될 위험이 있다는 특징이 있다.

따라서 가장 효과적으로 어휘를 선정하는 방법은 기본어휘 조사와 더불어 기초어휘 조사를 활용하는 것이라고 할 수 있다.

2. 어종에 따른 일본어의 어휘 분류

현재 일본에서 사용하는 단어는 모두 일본에서 만들어진 것은 아니다. 출자(出自) 혹은 어종(語種)은 단어가 어디로부터 유래되었는가를 나타내는 것인데 일본어는 어종에 따라 고유어(和語), 한자어, 외래어, 혼종어와 같은 4종류로 분류된다.

2.1 고유어(和語)

고유어는 일본어 고유 성분만으로 되어 있는 어종을 말하며 야마토고

토바(大和言葉)라고도 불린다. 일본어 속에 원래부터 존재한 어휘이므로 일상생활의 모든 분야에서 빈번히 사용된다. 일상생활에서 사용하는 어종으로서는 고유어가 양적으로는 가장 많기 때문에 한자어에 비해 기본적인 단어가 많으며, 현대어 어휘에서 중심적인 지위를 차지하고 있다.

단어의 형태는 「け(毛)」,「は(歯)」, 「て(手)」 등과 같이 1음절, 「やま(山)」, 「かわ(川)」, 「あめ(雨)」등과 같이 2음절로, 짧은 단어가 많았지만, 현재는 「つきあう」, 「いきなり」, 「あおぞら」와 같이 4음절로 된 단어가 많다.

고유어의 형태에서 주의해야 할 것은, 복합어에 「あおぞら」와 같은 연탁과 「はるさめ」와 같은 전음 등의 변음현상이 보인다는 점이다. 또한 「あんまり」, 「やっぱり」 와 같이 발음(撥音)과 촉음 등이 첨가되어 변형된 것도 많다.

또한 고유어는 어두에 ラ행음을 가진 단어가 거의 없으며 명사, 동사, 형용사, 부사 등 모든 품사에 걸쳐 분포하고 있다. 참고로, 조사, 조동사는 모두 고유어에 속한다.

일본어의 명사는 「もの」, 「とき」, 「まこと」 와 같이 추상적인 의미를 지닌 단어보다는 구체적인 의미를 가지고 있는 어휘가 많으며 식물, 물고기, 새, 곤충 등 자연에 관한 어휘가 풍부하고 특히 비를 나타내는 단어가 많다.

예 「こぬか雨(あめ)」「梅雨(つゆ)」「時雨(しぐれ)」「夕立(ゆうだち)」「狐(きつね)の嫁入(よめい)り」 등

동사는 명사와는 반대로 추상적인 개념을 나타내는 경우가 많으며 サ행 변격 한어동사 「研究する」의 「~する」, 한어에서 유래한 동사 「力む」, 「事故る」, 외래어가 유래인 동사 「サボる」, 「ダブる」, 「トラブる」등을 제외하면 전부 고유어이다. 또한 고유어는 다음 예와 같이 파생어를 만들거

나 복합어도 만들기도 한다.

예 파생어 :「新しさ」「お水」 등

복합어 :「町おこし」「子育て」「物づくり」 등

고유어에는 의음어, 의태어가 많은 편이다. 의음어(擬音語)란「ワンワン」,「コケコッコー」와 같은 동물소리나「ピューピュー」,「リンリン」과 같은 무생물이 내는 음을 나타내는 말로 사람이나 동물 소리를 나타내는 말을 의성어(擬声語)라고 하는 경우도 있다. 의태어(擬態語)란「ノソノソ」,「ジロジロ」,「キラキラ」와 같이 행동이나 상태를 흉내낸 말이다.

참고로 일본어에서는 외래어보다는 한자어로 된 의음어, 의태어가 많다.

예 한자어 : 堂々(どうどう)と胸(むね)を張(は)って, 鐘(かね)の音(おと)が殷々(いんいん)と鳴(な)り響(ひび)く 등

외래어 : ジグザグの道(みち)(zigzag), チクタク(ticktack) 등

2.2 한자어(漢語)

한자어는 한자로 쓰고 음으로 읽는 것을 가리키며, 단어의 형태는 다음 예와 같이 4음절어가 반 이상을 차지한다.

예 大学(だいがく), 国際(こくさい), 洗剤(せんざい) 등

한자음은 음운 구성이 비교적 단순하여 동음이의어가 많다.

예 貴社(きしゃ), 記者(きしゃ), 汽車(きしゃ), 帰社(きしゃ) 등

또한 한자는 조어력이 강해 全, 反, 的, 化, 性 과 같은 접두사, 접미사

가 붙어 새로운 단어를 만들기 쉬우나 「中小企業事業活性化方案」과 같이 긴 단어가 형성되는 경우도 있다.

예 全日本(ぜんにほん), 反政府(はんせいふ), 民主的(みんしゅてき), 保守化(ほしゅか), 協調性(きょうちょうせい) 등

한자는 전래 시기나 사용 영역에 따라 오음, 한음, 당음으로 읽는 경우가 있지만 현대어에서는 개개의 한자에 따르는 경우가 많다. 또한 현재 사용되고 있는 한자어는 다음과 같은 방법으로 만들어진 일본제 한자어도 많다.

예 고유어 한자표기를 음독: 火(ひ)の事(こと)→火事(かじ), 出張(でば)る→出張(しゅっちょう) 등

한자어를 흉내 내어 음독: 理不尽(りふじん), 案内(あんない) 등

서구어의 번역어로서 한자를 조합: 哲学(てつがく), 社会(しゃかい) 등

근대 중국어에서 들어온 「麻雀(マージャン)」, 「老酒(ラオチュウ)」, 「拉麵(ラーメン)」 등은 한자어에 포함시키지 않고 외래어로 취급한다. 한자어는 명사가 전체의 90% 이상을 차지하며, 「便利」, 「有名」, 「稚拙」 등과 같은 형용동사의 3분의 2가 한어이고, 「大変」, 「偶然」, 多少」, 「到底」 등은 부사이다.

2.3 외래어(外來語)

외래어는 일본어 어휘의 외래성분 중, 한자어를 제외한 어종을 말한다. 한국어 기원, 중국어 기원 등의 외래어도 있으나, 전체적으로는 영어를 중심으로 한 서구 제언어(諸言語)가 다수를 차지하여 서양어라고 하는 경우도 있다.

또한 일본제 영어나 원어와는 다른 의미나 표현으로 사용되는 경우도 일본어에서는 외래어로 취급한다.

예 ナイター(night game)
サラリーマン (business man)
ポスト(영어:우편, 우편물, 외래어:우편함)

단어의 형태는 4음절어가 가장 많고, 3음절어도 많으며 한자어, 고유어에 비해 5음절어, 6음절어, 7음절어 등과 같이 긴 음절어가 많아 생략어가 많아진다.

예 スカート, コート, アルバイト → バイト,
インフレーション → インフレ,
エアコンディショナー → エアコン

일본어는 모음과 자음 수가 적어 외래어 발음은 다음 예와 같이 원어의 발음보다 단순화된 것이 많은 편이다.

예 right와 light →「ライト」
bus와 bath →「バス」

다음과 같이 외래어 표기가 혼동(병존)되는 경우도 있다.

예 ティーム : チーム
ダイアモンド : ダイヤモンド

어원을 달리하는 경우 원어의 차이에 따라 이중형을 지니는 경우도 있으며, 이러한 경우 형태의 차이에 따라 의미 분화를 보이는 경우도 있다.

예 グラス : 컵, ガラス : 유리
カップ : 손잡이 있는 컵, コップ : 손잡이 없는 컵

2.4 혼종어(混種語)

혼종어는 합성어의 일종으로 어종이 다른 단어나 어종이 다른 접사가 결합하여 만들어진 것을 말한다.

예

(고유어 + 한자어, 한자어+고유어)

水商売(みずしょうばい), 労働組合(ろうどうくみあい), 勉強(べんきょう)する 등

(한자어 + 외래어, 외래어+한자어)

温水(おんすい)プール, デジタル放送(ほうそう), オフィス街(がい) 등

(외래어 + 고유어, 고유어+외래어)

ポリ袋(ぶくろ), チェックする, 生(なま)クリーム 등

어종별 분포에서 보면 혼종어가 차지하는 비율은 높지 않으나 앞으로 점점 더 증가할 것으로 예상된다. 다음 예와 같이 원어가 다른 외래어끼리의 결합된 단어를 혼종어로 분류하는 경우도 있다.

예

영어 + 포르투갈어 → 「クリームパン」 등

혼종어의 품사는 명사가 높은 비율을 차지하나 한자어, 외래어에 고유어「する」가 붙어 동사가 된 것도 있으며 한자어, 외래어에「～な」가 붙어 형용동사,「～に」「～と」가 붙어 부사가 된 것도 있다.

예

한자어+고유어「する」: 旅行(りょこう)する

외래어+고유어「する」: チェックする

한자어+고유어「～な」: 高級(こうきゅう)な

외래어+고유어「～な」: エレガントな

외래어+고유어「～に」: クールに

한자어+고유어「～と」: 堂々(どうどう)と

2.5 어종과 어감, 문체

고유어는 구두어적이고 부드러운 느낌을 주지만 한편으로 격조 없고 교양 없는 이미지를 동반한다. 반면 한자어는 문장어적이고 딱딱한 느낌을 주며 격식을 차릴 때 주로 사용된다.

예 書簡(しょかん)－手紙(てがみ)　道路(どうろ)－道(みち)　船舶(せんぱく)－船(ふね)

教育(きょういく)－教(おし)える　建築(けんちく)－建(た)てる　理解(りかい)－分(わ)かる

외래어는 서양풍으로 근대적이면서 세련된 이미지인데 반해 고유어는 일본풍으로 전근대적인 느낌을 준다.

예 「宿屋(やどや) - 旅館(りょかん) - ホテル」

또한 외래어가 고유어나 한자어보다 완곡한 느낌을 주는 경우가 있다.

예 トイレ : 便所(べんじょ),　ローン : 借金(しゃっきん),　オーダする : 注文(ちゅうもん)する

또한 외래어는 새롭고 고급스러운 어감을 동반한다.

예 健康体操指導員(けんこうたいそうしどういん) : エアロビ インストラクター

외래어와 그것을 번역한 단어가 존재할 때는 의미상의 문제가 생기는 경우가 있으므로 구별하여 사용해야 한다.

예 ドライバ ー : 運転士(うんてんし)

タクシーのドライバ ー(○), 新幹線(しんかんせん)のドライバー(×)

3. 어구성

3.1 어구성이란?

어구성이란 단어를 구성이나 구조의 관점에서 연구하는 분야이다. 어구성은 단어가 어떻게 만들어지는가라는 조어적(造語的)인 측면과 어떤 단어가 어떠한 구조를 지니고 있는가라는 어구조론적(語構造論的)측면이 있다. 「火事」를 예로 살펴보면 다음〈표4-3〉과 같이 설명할 수 있다.

〈표 4-3〉「火事」의 구조

구분	내용
조어론적 측면	「ひのこと」라는 일본 고유어가「火事」라는 한자 표기가 되고, 그 한자를 음독하여 생긴 일제 한자어
어구조론적 측면	「火(か)」과「事(ジ)」라는 한자음 요소로 구성

보통 어구성론이라고 하면 후자의 어구조론을 가리키는 경우가 많으며 본 교재에서도 어구조론적 측면에서 일본어의 어구성에 대해 다루기도 한다.

3.2 단어의 종류

단어는 그 이상 나누어질 수 없는 단순어와 더 작은 부분으로 나누어질 수 있는 합성어로 분류된다. 합성어는 다시 각각이 단순어가 될 수 있는 두 개의 어기로 이루어진 복합어와 동일 어기가 결합된 첩어, 어기와 접사로 이루어진 파생어로 분류된다. 어기란 단어 형성의 근간을 이루는 요소로 어간보다 범위가 작거나 같은 뜻으로 쓰인다.

3.2.1 단순어

단순어는 다음 예와 같이 실질적인 의미를 나타내고, 단어 의미의 중핵적인 부분을 담당하는 요소인 어기가 하나로 된 단어이다.

예 机(つくえ), 塩(しお), 道(みち), 走(はし)る, 瞼(まぶた), 魚(さかな) 등

「道」는 「御路」, 「まぶた」나 「さかな」는 「目の蓋」, 「酒の菜」였지만, 현대어에서는 공시적 관점에서 단순어로 취급한다.

외래어의 경우 다음 예와 같이 원어에서는 합성어라도 현대 일본어에서는 단순어로 취급한다.

예 「ランデブー」(프랑스어)→'rendez-vous'로 구성된 복합어
「ドラマチック」(영어)→'drama-tic'으로 구성된 파생어

3.2.2 합성어

합성어는 두 개 이상의 어기로 된 복합어와 어기와 접사로 된 파생어로 나뉜다. 복합어는 다시 종속구조와 병렬구조, 첩어로 구분되며 첩어는 동일 어기가 결합한 것을 말한다.

- 종속구조 : 雪(ゆき)どけ, 逆上(さかあ)がり, 青葉(あおば) 등
- 병렬구조 : 手足(てあし), 山(やま)かわ, 尾(お)ひれ 등
- 첩어 : 人(ひと)びと, 泣(な)き泣(な)き, ますます 등

파생어의 필수요소인 접사는 다음과 같이 어기의 앞에 붙는 「접두사」와 어기의 뒤에 붙는 「접미사」가 있으며, 접두사가 붙은 「おしろい(白粉), おにぎり, おなか」 등은 접두사를 분리한 형태로 사용되지 않으므로 현대 일본어에서는 단순어로 취급한다.

- 접두사가 붙은 것 : お金(かね), か細(ぼそ)い, 不利益(ふりえき) 등
- 접미사가 붙은 것 : さかな屋(や), 機械化(きかいか), アルカル性(せい) 등

3.3 조어법

조어법은 새로운 단어를 만들어내는 방법을 말하는데 구체적으로 다음과 같은 방법이 있다.

3.3.1 신조어

신조어란 새로운 단어를 만드는 것으로 의음어와 의태어 등이 포함된다. 다음 의음어 「チン」은 전자렌지 소리에서 만들어진 것이고 「モフモフ」는 담요「モーフ」에서 온 의태어이다.

예 의음어 : チン 등
의태어 : モフモフ 등

3.3.2 기존어 이용

기존어를 이용하는 조어법은 합성, 혼효(混淆), 차용, 축약, 문자표기에 따른 방법, 전성, 역성 등 총 7가지 방식으로 구분된다.

① 합성 : 기존의 단어를 결합시킨 것

예 意地悪(いじわる)、危機管理(ききかんり)、ストーカー行為(こうい) 등

② 혼효

예 やぶく＝やぶる＋さく、ブログ(blog=web+log) 등

③ 차용(借用) : 고어, 방언, 외국어에서 들어온 것

예 暮(く)れなずむ, こける, ニーズ 등

④ 축약(縮約) : 단어의 생략에 의한 것

예 セクハラ, 学割(がくわり), IT(information technology) 등

⑤ 문자표기에 따른 방법 : 문자나 표기를 매개로 한 것

예 米寿(べいじゅ), Vネック,Uターン 등

⑥ 전성(転成) : 한 품사가 다른 품사로 사용되는 것

예 まわり, 研究(けんきゅう)する, 寒(さむ)がる 등

⑦ 역성(逆成) : 기존 단어의 접미사를 빼고 만들어진 것

예 エディット(edit는 editor에서 옴) 등

3.4 변음현상

변음현상이란 합성어의 구성요소가 결합할 때 음소가 변화하는 현상으로 다음과 같이 7가지 종류가 있다.

① 연탁(連濁) : 후항의 어두음이 청음에서 탁음으로 변화되는 현상

예 ほん+ はこ → ほんばこ
ひと+ ひと → ひとびと

② 전음(転音) : 전항의 끝모음이 다른 모음으로 교체되는 현상

예 あめ+ みず → あまみず

しろ+ たま → しらたま

③ 음편화 : 전항의 끝음절이 촉음이나 발음으로 변하는 현상

예 ひき+ つかむ → ひっつかむ
ぶち+ なぐる → ぶんなぐる

④ 음운첨가 : 전항과 후항 사이에 새로운 음소가 삽입되는 현상

예 はる(haru)+あめ(ame) → はるさめ(harusame)

⑤ 연성 : 전항이 m, n, t로 끝나고 후항의 어두에 ア, ヤ, ワ행 음이 올 때 후항의 어두음이 マ, ナ, タ행으로 변화하는 현상

예 さん(三) + い(位) → さんみ
はん(反) + おう(応) → はんのう
せつ(雪) + いん(隠) → せっちん

⑥ 음운축약 : 전항과 후항 사이에 모음이 연속될 때 한쪽 모음이 탈락되는 현상

예 て(te) + あらい(arai) → たらい(tarai)

⑦ 반탁음화 : 후항의 첫음절이 ハ행음에서 パ행음으로 변하는 현상으로 직전의 촉음화도 동시에 일어남

예 ぶち + はなす → ぶっぱなす
あけ＋ひろげ→ あけっぴろげ

4. 어의 의미(변화)

단어의 의미란 그 단어가 나타내는 뜻을 말하며 크게 어휘적(사전적) 의미, 문법적 의미, 문맥적 의미로 분류된다.

〈표 4-2〉 단어의 의미 분류

구분	내용
어휘적 의미 (사전적 의미)	개개의 단어가 나타내는 개별적 의미 * 机(책상) : 작업을 하기 위한 바닥이 평행한 대
문법적 의미	조사, 조동사, 접속사와 같이 서술이나 진술, 문의 전개 등 문 안에서 언어 기능으로서의 의미를 나타내는 것
문맥적 의미	단어가 실제로 담화나 문장 속에서 쓰이는 의미

단어는 하나의 의미를 가지는 단의어와 몇 가지의 의미를 가지는 다의어로 분류된다. 또한 의미가 유사한 유의어와 상반된 의미를 가지는 반의어로 분류된다.

4.1 단의어(単議語)와 다의어(多義語)

4.1.1 단의어

하나의 의미밖에 가지지 않는 단어를 단의어라고 한다.

예

의학용어 : 虫垂炎(ちゅうすいえん) 등

과학용어 : 幾何学(きかがく) 등

고유명사 : 新宿(しんじゅく), 夏目漱石(なつめそうせき) 등

4.1.2 다의어

몇 가지의 의미를 동시에 가지고 있는 단어를 다의어라고 하며 다의어는 다음 예와 같이 기본적인 단어가 많다.

예 추상적인 명사 : こと, もの 등
신체어휘 : 手(て), 目(め) 등
동사 : とる, みる 등
형용사 : よい, たかい 등

4.2 유의어(類義語)와 반의어(反義語)

4.2.1 유의어

의미가 유사한 한 쌍의 단어를 유의어라고 한다. 유의어 간의 기본적인 의미관계를 살펴보면 다음과 같다.

① 단어의 형태는 다르지만 의미가 거의 동일한 단어

예 「ふたご」와 「双生児(そうせいじ)」, 「歯医者(はいしゃ)」와 「歯科医(しかい)」 등

② 한쪽의 의미가 다른 쪽에 포함되는 것(포섭관계, 상/하위어)

예 「父(ちち)」와 「親(おや)」, 「大根(だいこん)」과 「根菜(こんさい)」 등

③ 부분적으로 의미가 겹치는 것

예 「林(はやし)」와 「森(もり)」, 「のぼる」와 「あがる」 등

4.2.2 반의어

반의어는 특정 부분에서 상반된 의미를 나타내는 한 쌍의 단어를 말한다. 일반적으로 반의어에 해당되는 단어와 단어의 대립에는 다음과 같은 종류가 있다.

① 한 쪽이 긍정이 되면 다른 쪽이 부정되는 관계

예 表(おもて) ⇔ 裏(うら), 出席(しゅっせき) ⇔ 欠席(けっせき), 等(ひと)しい ⇔ 異(こと)なる 등

② 양극을 나타내는 대립으로 중간에 위치하는 것이 있는 경우

예 北極(ほっきょく) ⇔ 南極(なんきょく), 満点(まんてん)⇔ 零点(れいてん), 最高(さいこう) ⇔ 最低(さいてい) 등

③ 정도성을 지닌 단어와 단어의 대립 관계

예 大(おお)きい ⇔ 小(ちい)さい, 高(たか)い ⇔ 低(ひく)い, 寒(さむ)い ⇔ 暑(あつ)い 등

④ 동일 대상을 다른 시점에서 본 대립 관계

예 売(う)る ⇔ 買(か)う, 貸(か)す ⇔ 借(か)りる, 行(い)く ⇔ 来(く)る 등

⑤ 서로 반대 방향으로 이동하는 단어와 단어의 대립 관계

예 入(はい)る ⇔ 出(で)る, つく⇔ 離(はな)れる 등

⑥ 상태의 변화에 따라 원래 상태로 돌아가는 관계에 있는 대립

예 寝(ね)る ⇔ 起(お)きる, 開(あ)ける ⇔ 閉(し)める, 結(むす)ぶ ⇔ ほどく 등

⑦ 대응하는 다른 편을 전제로 하여 성립된 관계

예 夫(おっと) ⇔ 妻(つま), 親(おや) ⇔ 子(こ), 先生(せんせい) ⇔ 生徒(せいと) 등

반의어는 보통 어종이나 문체적 특징 등 동질의 말을 조건으로 한다.

예 「お母(かあ)さん」⇔「お父(とう)さん」, 「おふくろ」⇔「おやじ」

대립하는 점이 분명치는 않지만, 한 쌍으로 사용되는 단어군 등을 대어(対語)로 취급하는 경우도 있다.

예 「海(うみ), 山(やま)」, 「梅(うめ), うぐいす」

「白(しろ)」과 「赤(あか)」 또는 「黒(くろ)」

「グー, チョキ, パー」

「月火水木金土日」(요일)

「子・丑・寅・卯・辰・巳・午・未・申・酉・戌・亥」(12간지)

「春(はる), 夏(なつ), 秋(あき), 冬(ふゆ)」 (순환구조)

「部長(ぶちょう), 次長(じちょう), 課長(かちょう), 係長(かかりちょう)」 (회사 등의 직명)

「優(ゆう), 良(りょう), 可(か), 不可(ふか)」(계열관계)

4.3 의미변화의 원인

단어의 의미변화란 시대의 흐름에 따라 단어가 본래의 의미에서 다른 의미로 변화하는 것을 말한다. 의미가 변화하는 원인에는 다음과 같이 언어적, 심리적, 사회적 원인이 있다.

4.3.1 언어적 원인

다음 예와 같이 의미가 변하지 않고 표현이 짧아진 경우로 언어 자체가 원인이 되어 생기는 변화를 의미한다.

예 よい運(うん)→「運(うん)」, よい天気(てんき)→「天気(てんき)」 등

4.3.2 심리적 원인

상대에 대한 배려 등으로 일어나는 의미 변화를 말한다. 결혼식에서 「終り」와 같은 표현이 불길한 이미지 때문에 「お開き」라는 표현으로 대체되어 사용되는 것을 예로 들 수 있다.

예 결혼식 폐회 시 : 「終(おわ)り」 →「お開(ひら)き」 등

4.3.3 사회적 원인

사회제도나 문화, 풍속, 생활양식 등이 원인이 되어 생기는 변화를 말한다.

예 「駅(えき)」 : 원래 말, 인부, 배, 숙소 등을 제공하기 위해 마련된 장소라는 뜻이었지만 현재는 열차, 전철 등이 출발하거나 도착하는 시설이 됨

4.4 의미변화의 일반적 경향

의미변화의 경향에는 다음과 같이 5가지 경우가 있다.

4.4.1 일반화(확대)

단어의 의미가 본래의 의미보다 넓어지는 경우를 일반화라 한다.

예 「瀬戸物」: 본래 '아이치현 세토(瀬戸)시 및 그 부근에서 생산되는 도자기'라는 의미 → 현재는 널리 '도자기의 총칭'

4.4.2 특수화(축소)

단어의 의미가 원래의 의미보다 좁아지는 경우를 특수화라고 한다.

예 「さかな」: 「さか」는 「酒」이고 「な」는 「菜(=おかず)」(반찬)의 의미로 옛날에는 술을 마실 때 안주로 생선을 사용하는 경우가 많았으므로 현대 일본에서 식용으로 하는 물고기 또는 어류의 총칭이 됨

4.4.3 가치의 상승

본래 중립적인 의미였던 것이 좋은 의미로, 혹은 좋은 의미만을 나타내게 된 것을 가치의 상승이라고 한다.

예 「天気」: 원래 기상상태를 의미하지만 좋은 날씨의 의미로도 쓰이게 됨
(「明日天気だったら行こう」)

4.4.4 가치의 하락

단어의 원래의 의미보다 나쁜 의미로 쓰이게 되는 것을 가치의 하락이

라고 한다.

예 「おまえ」:「御前」는 동등 이상의 상대에 대한 존경어였으나, 현재는 '동등 또는 손아래 상대를 거칠게, 혹은 친애의 마음을 담아 부르는 말'로 쓰임

4.4.5 추상화

추상화란 단어의 의미를 형성하고 있는 의미 특징의 일부 또는 전부가 구체적 의미에서 추상적인 의미로 변화한 것을 말한다.

예 식물 「花(꽃)」 : 한창 필 때를 초점화하여 추상화(「職場の花」)

5. 어결합, 연어, 관용구, 비유

5.1 어결합(語結合)

다음 예에서 「手を出す」(손을 대다)는 「手」, 「を」, 「出す」라는 개개의 요소가 전부 합해져서 나오는 의미라고 볼 수 있는데, 이러한 단어와 단어의 결합을 어결합이라고 한다. 이러한 표현은 「危ないですから、手を触れないでください」와 같은 표현으로도 바꿔 쓸 수가 있다.

예 危ないですから、手を出さないでください。

한편, 「株に手を出すな」와 같은 경우는 「手を出す」를 다른 표현으로 바꿔 쓸 수가 없다. 이와 같은 경우는 「手+を+出す」가 관습적으로 결합되

어「手を出す」전체가「かかわり合う」라는 특별한 의미로 사용되기 때문인데 이러한 표현을 관용구라 한다. 관용구에 대해서는 5.3에서 자세히 설명하기로 한다.

5.2 연어

「傘をさす」라는 표현은 학습자의 경우「傘を持ち上げる」또는「傘をかぶる」와 같이 사용하는 경우도 있지만 이러한 표현은 모어 화자는 사용하지 않는다. 이렇게 단어와 단어의 결합에 일정한 제약이 가해지는 표현을 연어(コロケーション)라고 한다. 연어의 구체적 구성을 살펴보면 다음과 같다.

① 명사+조사+동사

〈표 4-3〉 명사+조사+동사의 예

구분	예시
명사+を+동사	電話をかける, 汗をかく, 経験を積む 등
명사+が+동사	電話がかかる, 影響が出る, 許可が下りる 등
명사+に+동사	電話に出る, 実行に移す, 錯覚に陥る 등

② 명사+조사+ 형용사

예 責任が重い, 酒に強い, 地理に明るい 등

③ 형용사/형용동사+ 명사

예 重(おも)い病気(びょうき), はかない夢(ゆめ), あたたかな家庭(かてい) 등

④ 부사+ 동사, 형용사/형용동사

예 ぐっすり寝(ね)る, 極(きわ)めて遺憾(いかん)だ 등

⑤ 명사+조사+명사

예 赤(あか)の他人(たにん), 不退転(ふたいてん)の決意(けつい) 등

「連絡をとる」, 「攻撃をかける」에서 사용된 동사는 실질적인 의미가 희박해져 문법적 기능을 담당하고 있다. 즉, 주된 의미는 명사에 있고 동사는 부수적인 역할을 한다.

「電話をかける」, 「電話を入れる」, 「電話をする」나 「うそをつく」, 「うそを言う」와 같은 표현은 다른 동사로 교체하여 사용할 수 있는데 이렇게 다른 표현으로 교체 가능한 연어를 「느슨한 연어(ゆるい連語)」라고 한다. 한편, 「風邪をひく」, 「傘をさす」, 「アポイントメント(appointment)をとる」와 같이 다른 동사로 교체하여 사용하기 어려운 표현도 있는데 이렇게 두 단어의 결합이 고정적인 연어를 「견고한 연어(固い連語)」라고 한다.

5.3 관용구

「図に乗る」는 「図」「に」「乗る」와 같은 단어가 결합되어 「우쭐대다」라는 특별한 의미를 나타내고 있다. 이렇게 두 개 이상의 단어가 결합되어 특별한 의미를 나타내는 것을 관용구라 하며, 관용구는 구 전체가 하나

의 비유적 의미를 나타낸다. 관용구를 어결합, 연어와 구별시켜 주는 최대의 조건은 의미의 비유성이라고 할 수 있다.

관용구의 구체적 구성을 살펴보면 다음과 같다.

① 동사 관용구 : 명사+조사+동사

예 顔(かお)がきく, お茶(ちゃ)を濁(にご)す, 頭(あたま)に来(く)る 등

② 형용사 관용구 : 명사+조사+형용사

예 口(くち)が軽(かる)い, 敷居(しきい)が高(たか)い, 目(め)がない 등

③ 명사관용구 : 명사(+조사)+명사

예 猫(ねこ)の額(ひたい), 寝耳(ねみみ)に水(みず), 瓜二(うりふた)つ 등

④ 그 외 부사 관용구 등

예 泣(な)いても笑(わら)っても 등

한편 관용구에서 동사의 형태가 제약을 받는 경우도 있다.

① 수동형을 취하는 것

예 気(き)を取(と)られる, 後(うし)ろ指(ゆび)をさされる,
煮(に)え湯(ゆ)を飲(の)まされる 등

② 사역형을 취하는 것

예 幅(はば)をきかせる, 花(はな)をもたせる 등

③ 부정형을 취하는 것

예 うだつが上(あ)がらない, 歯(は)に衣(きぬ)を着(き)せない,
らちが明(あ)かない등

5.4 비유

비유란 사물을 표현할 때 다른 사물에 빗대어 표현하는 것을 말한다. 예를 들어 다음 예문에서는 표현 효과를 높이기 위해 단어의 원래 의미에서 연상이나 유추를 통해 「あいつ」를 「癌」에 비유하고 있다.

예 あいつはこのクラブの癌(がん)だ。

연상(連想)은 원래의 의미와 유사성에 가지는 것이 보통인데 이러한 유사성은 다음 3가지로 분류된다.

〈표 4-4〉 원의의 유사성

구분	예시
형이나 위치의 유사	机(つくえ)の足(あし), 釘(くぎ)の頭(あたま), 針(はり)の眼(め) 등
인상의 유사	矢(や)の催促(さいそく), 恋(こい)の炎(ほのお), 涙(なみだ)の雨(あめ) 등
기능/성질의 유사	解決(かいけつ)の鍵(かぎ), 発明(はつめい)の母(はは), 一家(いっか)の大黒柱(だいこくばしら) 등

비유에는 다음과 같은 종류가 있다.

① 직유(直喩, 明喩) : 「〜のようだ」 등을 사용하여 두 개의 사물을 직접 비교하는 비유법이다.

예 人生(じんせい)は旅(たび)のようだ。

② 은유(隠喩) :「～のようだ」와 같은 직접적인 표현을 사용하지 않고 두 개의 사물을 비교하는 비유법이다.

예 人生(じんせい)は旅(たび)だ。

③ 풍유(風諭) : 예로 든 것만을 언어화하고, 빗대어지는 것을 추측하게 하는 비유법이다.

예 人生(じんせい)は旅(たび)だ。山(やま)もあれば谷(たに)もある、
天気(てんき)の良(よ)い日(ひ)もあれば、荒(あ)れた日(ひ)もある。

위 예문에서는 산과 계곡, 날씨가 인생이라는 것을 추측하게 하므로 풍유라고 할 수 있다.

④ 우유(寓喩) : 풍유의 일종으로 속담과 같은 풍자적 비유나 우화적 요소를 사용하여 숨겨진 본래의 뜻을 암시하는 수사법이다.

예 朱(しゅ)に交(まじ)われば赤(あか)くなる。
あつものに懲(こ)りてなますを吹(ふ)く。

⑤ 제유(提喩) : 전체로 부분을 나타내거나, 부분으로 전체를 나타낸 방법이다.

예 「花見(はなみ)」:「花(はな)」가「桜(さくら)」를 나타냄
「酒(さけ)を飲(の)みに行(い)く」:「酒(さけ)」가 알코올 전체를 나타냄

⑥ 환유(換喩) : 사물을 표현할 때 그것과 관계 깊은 것으로 바꿔 표현하는 방법이다.

예 「漱石を読む」: 소세키는 소세키의 작품을 가리킴

「ユニフォームを脱ぐ」: 은퇴를 나타냄

⑦ 활유(活喩) : 무생물을 생명이 있는 것처럼 표현한 비유법이다.

예 不気味な風の音はいぬの遠吠えのようだった。

⑧ 의인법(擬人法) : 인간이 아닌 것을 인간과 같이 표현한 비유법이다.

예 その大きな岩は大昔からずっとそこに座って村の人々を見ていた。

의인법은 무생물을 생명이 있는 것처럼 표현한 비유법이므로 활유법의 일종으로 취급하는 경우도 있다.

비유는 표현을 구체적으로 이미지화시키는 레토릭(rhetoric)으로써 중요한 역할을 한다. 특히 관용구는 「油を売る(怠ける)」와 같이 구 전체가 비유적 의미를 나타내므로 관용구와 비유는 밀접한 관계가 있다고 할 수 있다.

6. 어휘와 사회

언어는 그 나라의 사회, 문화를 반영하며 특히 어휘는 음성·음운, 문자·표기, 문법보다 그 시대의 사회와 문화를 가장 잘 반영하는 요소라고 할 수 있다. 말은 사용하는 사람의 성별, 연령, 지역, 계층, 집단 등 그 사람이

속한 사회적 속성에 따라 달라지고 대화 상대나 장소, 화제 등에 따라 달라지는데 이를 위상이라 한다. 또한 이러한 위상차를 반영하는 특수한 어휘를 위상어라 한다.

여기에서는 어휘를 사회, 문화의 관계로 파악하여 사회적, 심리적 요인으로 발생하는 여러 가지 위상어에 대해 살펴본다.

6.1 성차

일본어는 전 세계에서 남녀 사이에 사용하는 말의 차이(성차)가 큰 언어라고 일컬어진다. 일본어에서 성차가 두드러지게 나타나는 표현으로는 다음과 같은 인칭대명사, 감동사, 종조사를 예로 들 수 있다.

〈표 4-5〉 남성어와 여성어(감동사, 종조사)

남성	여성
うわ、たいへんだ**ぞ**。	**あら**、たいへん**よ**。
おい、何を食べようか。	**ねえ**、何を食べましょうか。
ほう、それは困った**な**。	**まあ**、それは困った**わ**。
お互いに気をつけよう**ぜ**。	お互いに気をつけましょう**ね**。

〈표 4-6〉 남성어와 여성어(인칭대명사)

구분	인칭대명사	남녀 경향
자칭사	ワタシ/ワタクシ	남 〈 여
	アタシ	주로 여성
	ボク	남성만
	オレ	남성만
대칭사	アナタ	남 〈 여
	アンタ	남 〈 여
	キミ	남 〉 여
	オマエ	남 〉 여

그러나 최근에는 남녀차가 줄어 양자의 대립이 점차 좁혀지고 있는 추세이다.

6.2 연령차

일본어는 다음 표와 같이 연령에 따라 사용되는 언어적 특징이 비교적 뚜렷한 편이다.

〈표 4-7〉 연령 단계별 언어적 특징 비교

구분	예시
유아어	발음의 혼란(魚:おちゃかな, 此 : こえ 등) 발음화(ねんね, まんま 등) 반복형(おてて, おべべ 등) 의성어/의태어의 다용(ワンワン, ブーブー등) 의인화(ことりさん, にんじんさん 등) 의미의 확장(ワンワン을 네발 달린 동물 전체 사용)
청소년층	집단어나 신어, 유행어를 선호하는 경향
노인어	「わし · じゃ · のう」등의 특유한 말투 고어(いいなずけ, 婚礼(こんれい), 身代(しんだい) 등) 사용

6.3 지역차

일본어에서는 다음과 같이 중부지방의 일본 알프스 부근을 경계로 하여 크게 동서 대립이 보인다.

〈표 4-8〉 지역별(동일본, 서일본) 비교

구분	동일본	서일본
一昨日	オトトイ	オトツイ
七日	ナノカ	ナヌカ
くすり指	クスリユビ	ベニサシユビ
茄子	ナス	ナスビ
酸っぱい	スッパイ	スイー
居る	イル	オル

6.4 집단어

집단어란 특정 사회 집단이나 특정 전문분야에서 사용하는 특징적인 어휘를 말한다. 일의 필요상 또는 집단 구성원 사이의 의사소통의 효율성을 높일 목적으로 사용되는 직업어, 특정 전문분야에서 사용되는 전문어와 집단 내 동료의식을 높이기 위해 사용되는 젊은이어 등으로 분류되며, 그 외 위상어의 특수한 예로써 금기어도 있다.

6.4.1 직업어

직업어는 다음 예와 같이 일에 필요한 어휘가 자연발생적으로 생겨 정착한 경우가 많다.

예 스시가게 : トロ(참치), ヒカリモノ(등푸른생선),

ガリ(초절임 생강)　ゲソ(오징어 다리) 등

또한, 집단의 성질상 비밀 유지의 목적으로 사용되는 은어나 암호도 직업어에 속한다.

예　야쿠자 : サツ(경찰), ムショ(형무소), ナオン(여자)

백화점 : 「奥(おく)に」(화장실) 등

6.4.2 전문어

전문어란 특정 전문분야에서 사용하기 위해 특별하게 만들어진 말이다. 법률용어나 종교용어, 철학이나 수학, 언어학과 같은 전문분야에서 사용되는 학술용어를 포함한다. 또한 전문어는 각각의 전문분야에서 전달효과를 높이기 위해 사용하는 어휘로 의미나 내용적으로 전문적인 성격이 강하다.

예　다래끼 : ものもらい → 麦粒腫(ばくりゅうしゅ)

맹장염 : 盲腸炎(もうちょうえん) → 虫垂炎(ちゅうすいえん)

충치 : 虫歯(むしば) → 齲歯(うし)

원어가 동일해도 분야별로 다른 번역어가 생기는 경우도 있다.

예　constant : 수학 · 물리학 → 乗数(じょうすう)　화학 → 恒数(こうすう)

공학 → 定数(ていすう)　경제학 → 不変数(ふへんすう)

6.4.3 젊은이어(若者語)

중학생부터 30세 전후의 남녀가 같은 무리 내에서 사용하는 말을 가리킨다. 젊은이들이 이러한 언어를 사용하는 목적은 회화 촉진, 오락, 연대감, 이미지 전달 등을 들 수 있다.

젊은이어는 자유를 추구하는 경향과 오락, 규범으로부터 해방되고자 하는 욕구 등이 원인이 되어 발생한다고 일컬어진다.

예 きしょい(기분이 나쁜 사람), ジミー(단조로운 사람), 自己中(자기중심적인 사람) 등

6.4.4 금기어(忌み言葉)

금기어는 다음과 같이 불길한 연상 때문에 사용을 피하는 말이나 대용하는 말이다.

예 「死ぬ」 → 「なくなる」

「終わる」 → 불길한 연상 때문에 결혼식에서 「お開きになる」를 사용함

「出る, 切れる, 離れる, 去る」 → 불길한 연상 때문에 결혼식에서 사용하지 않음

「梨」 → 「無し(없음)」를 연상시켜 「アリノミ」를 사용

「するめ」 → 「する(탕진하다)」를 피해 「あたりめ」를 사용

6.5 구두어, 문장어

구두어와 문장어는 다음과 같은 특징이 있다.

〈표 4-9〉 구두어와 문장어의 특징 비교

구분	특징
구두어	청각에 호소, 순간적, 감각적, 정열적
문장어	시각에 호소, 지속적, 사고적, 논리적

그러나 구두어도 공적인 자리에서는 문장어에 가까우며, 문장어라 하더라도 인터넷이나 채팅과 같은 환경에서는 구두어에 가까우므로 그 경계는 명확하지 않은 경우가 많다.

구두어와 문장어의 차이를 구두어의 관점에서 살펴보면,

- 고유어의 사용이 많고 한자어의 사용이 적다.
- 지시어의 사용이 많다.
- 감동사, 간투조사의 사용이 두드러진다.
- 종조사의 사용이 많다.
- 경어의 사용이 많다.

〈표 4-10〉 동사의 구두어와 문장어

구분	구두어	문장어
寺(てら)を	建(た)てる	造営(ぞうえい)する
荷物(にもつ)を	運(はこ)ぶ	運搬(うんぱん)する
仕事(しごと)に	取(と)り掛(か)かる	着手(ちゃくしゅ)する
試合(しあい)に	負(ま)ける	敗(やぶ)れる
書類(しょるい)を	配(くば)る	配布(はいふ)する
税金(ぜいきん)を	搾(しぼ)り取(と)る	搾取(さくしゅ)する
事態(じたい)が	縺(もつ)れる	紛糾(ふんきゅう)する

6.6 신어, 유행어

6.6.1 신어(新語)

신어란 새로운 사물이나 개념이 생겨 어떠한 단어가 새롭게 만들어지는 것으로 단어가 아예 새롭게 만들어지거나 기존의 단어를 활용하여 만들어지는 경우가 있다.

신어가 발생하는 이유는 크게 네 가지로 분류된다.

① 새로운 사물이나 개념이 생겨나기 때문이다.

예 IT革命(かくめい), 電子(でんし)マネー, ヒトゲノム 등

② 사회적 화제나 유명인의 말이 널리 사용되기 때문이다.

예 #Me Too, 狂牛病(きょうぎゅうびょう), 学級崩壊(がっきゅうほうかい) 등

③ 참신한 말이나 듣기 좋은 말의 사용을 선호하기 때문이다.

예 癒(いや)し(치유), ガーデニング(정원 꾸미기) 등

④ 언어유희의 감각을 수용하기 때문이다.

예　卒婚[そつこん], いみふ(意味[いみ]不明[ふめい]) 등

6.6.2 유행어(流行語)

유행어는 사회를 풍자하거나, 혹은 참신하여 사람들이 폭발적으로 사용하는 말, 매우 인상적이어서 사람들의 공감을 불러일으키는 말로 정의된다.

유행어는 매스컴을 통해 폭발적이고 광범위하게 사용되며, 신어와는 달리 우발적으로 발생한다. 유행어는 특별한 의미없이 감각적으로 사용되는 경우가 많으며 한순간에 발생해서 한순간에 사라지는 경향이 있다.

예　KP(건배), 干物女[ひものおんな](건어물녀) 등

6.7 차별어

차별어는 언급된 사람에게 차별이나 불쾌감을 느끼게 하는 말로 일본어에서는 사회의 변화에 따라 차별어를 규제하거나 폐지하는 경향이 있는데 그 과정을 살펴보면 다음과 같다.

6.7.1 차별어의 개선

1981년 국제 장애자의 해에 앞서 1980년 일본 후생성(厚生省)은 다음과 같은 단어를 폐지하였다.

예　不具[ふぐ], 廃疾[はいしつ] → 障害[しょうがい]

おし → 口[くち]がきけない者[もの]

つんぼ → 耳(みみ)が聞(き)こえない者(もの)

めくら → 目(め)が見(み)えない者(もの) 등

6.7.2 여성에 관한 용어와 표현의 재검토

1985년 여성차별철조약의 비준과 1986년 남녀고용기회균등법의 시행으로 여성에 대한 용어와 표현의 재검토가 이루어지면서 다음과 같은 단어가 차별어의 규제대상이 되었다.

예 「出戻(でもど)り」, 「オールドミス」 등

또한 다음과 같은 표현도 차별표현으로 규정되어 신문이나 방송에서 사용이 금지되었다.

예 「女(おんな)のくせに」, 「女(おんな)の腐(くさ)ったような」 등

다음과 같이 여성을 나타내는 단어도 다음과 같이 바뀌게 된다.

예 女中(じょちゅう) → お手伝(てつだ)いさん, 女工(じょこう) → 女子従業員(じょしじゅうぎょういん),

老婆(ろうば) → 老女(ろうじょ) 등

6.7.3 직업어 관련 및 그 외 차별어

미국의 경우 성차별, 인종차별에서 차별어 문제가 시작되어 현재 직업, 지위, 신체적 특징 등 상대에게 불쾌감을 일으킬 가능성이 있는 모든 경우까지 차별어의 금지 적용 범위를 확대하고 있다.

예 chairman → chairperson → chair

old people → senior citizens 등

일본에서도 직업, 성, 인종 차별의 문제를 불러일으킬 수 있는 어휘에 대하여 사용을 금지하거나 다음과 같이 대체할 단어를 제시하고 있다.

예 掃除夫 → 清掃作業員, 炭鉱夫 → 炭鉱労働者,

黒んぼう → 黒人, 後進国 → 発展途上国 등

연습문제 일본어의 어휘의미

1. 일본어는 (　　　　　　　　)에 따라 고유어, (　　　　　　　　), 외래어, (　　　　　　　　)로 분류된다.

2. 어의 의미변화 중「さかな」와 같이 단어의 원래의 의미보다 좁아지는 경우를 나타내는 말을 (　　　　　　　　)라고 한다.

3. 합성어 형성시의 음운변화현상에서 (　　　　　　　　)은 전항요소의 끝모음이 다른모음으로 교체되는 현상을 말하며 구체적 예로는 (　　　　　　　　) 등이 있다.

4. (　　　　　　　　)의 필수요소인 접사는 어기의 앞에 붙은 접두사와 어기의 뒤에 붙는 접미사가 있다.

5. (　　　　　　　　)란 여러 가지의 의미를 가지고 있는 것으로 일반적으로 추상적인 명사(こと, もの 등), 신체명사(手, 目 등) 등이 이에 속한다.

6. (　　　　　　　　)은 어떻게 단어가 만들어지는가에 중점을 두는 조어적(造語的)측면과 어떠한 단어가 어떠한 구조를 지니고 있는가 하

는 어구조상(語構造上)의 측면으로 나눌 수 있다.

7. 「株に手を出すな」는 「手」「を」「出す」가 관습적으로 결합되어 「かかわり合う」라는 특별한 의미로 사용되는데 이러한 표현을 (　　　　　　)라 한다.

chapter 5

일본어의 문법

1. 문법이란?

1.1 문법의 정의

문법이란 언어의 사용법, 문을 만드는데 있어서의 규칙을 말한다. 사람들은 이러한 문법을 습득함으로써 다음과 같이 여러 가지 표현을 만들 수 있고, 만들어진 표현을 자유롭게 해석할 수도 있다.

예

「太郎」「蟻」「殺した」

→ 太郎が蟻を殺した。

「太郎」「ライオン」「殺した」

→ 太郎がライオンに殺された。

일본어학습자나 아직 일본어를 습득 중인 어린아이 등은 이러한 문법의 습득이 충분하지 않으므로 경우에 따라 부적절한 표현을 사용하는 경우가 있는데 이를 오용(誤用)이라 한다.

예

先生が読んだの本 (3세 유아)

まだできられない。 (3세 유아)

四、五月で梅雨ができる。(중국인일본어학습자)

湿度(おんど)が高(たか)いだ。(중국인일본어학습자)

모어화자가 일본어를 당연하게 사용하고 있는 것처럼 보이지만 그 배경에는 문법이 존재하는 것이다. 그렇다면 이러한 문법은 어떻게 만들어지는 것일까?

우리는 흔히 누군가가 정해 놓은 문법이 있고, 우리가 그 문법을 습득하여 언어생활을 하고 있다고 생각하는 경향이 있다. 그러나 문법은 누군가가 처음부터 정해 놓은 것이 아니라, 모두가 이야기하고 있는 것을 오래 동안 관찰하여 문법학자가 그것을 체계적으로 법칙화해 놓은 것이다. 즉, 우리가 국어의 문법이나 일본어의 문법으로 배우는 것은 그렇게 오래 동안 관찰하여 찾아낸 법칙을 문법학자가 이론적으로 정리한 것이라 할 수 있다.

1.2 문법의 종류

1.2.1 구어문법과 문어문법

문법은 크게 구어문법과 문어문법으로 분류된다. 먼저 구어문법이란 문자 그대로 구어(口語)의 문법을 가리키며, 일반적으로 현대 공통어를 기본으로 한 학교문법을 가리킨다. 한편 문어문법이란, 문어(文語)의 문법으로 일반적으로 헤이안 중기의 고전어를 기본으로 한 규범문법을 가리킨다.

문어문법이 고전을 바르게 독해하기 위해 기능하는데 반해, 구어문법은 보다 바르게 현대어를 표현하고 이해하기 위해 기능한다.

최근에는 구어문법이라는 용어 대신에 일본어문법, 현대문법, 현대어

문법, 현대일본어문법이라는 용어가 사용되며, 문어문법은 고전문법이라는 용어를 사용하는 경우가 많다.

1.2.2 학교문법과 일본어교육문법

학교문법이란 현재 일본의 고등학교에서 가르치고 있는 문법으로 문어문법과의 일관성을 중시하여 하시모토 신키치(橋本進吉, 1887~1945)에 의해 제창된 하시모토 문법을 토대로 만들어진 문법체계이다.

학교문법은 일본인이 학교에서 국어시간에 배우는 일본어문법으로 일본인모어화자가 일본어를 안다는 것을 전제로 하며 형용사, 형용동사 등의 문법용어가 사용된다.

한편 일본어교육문법이란 한국인일본어학습자 등과 같이 외국인에게 일본어를 가르치기 위한 일본어교육을 위한 문법이다. 일본어교육문법에서는 고전문법은 다루지 않으며 형용사와 형용동사는 형태상의 차이 외에 성질이 유사하므로 イ형용사, ナ형용사 등과 같은 용어를 사용한다. 이는 학교문법에서 사용하는 문법 용어를 사용하여 가르칠 경우의 학습상의 어려움을 해소하고 좀 더 효과적으로 일본어를 가르치기 위해서이다.

즉, 학교문법은 모어화자가 중고등학교에서 배우는 국어문법, 일본어교육문법은 외국인이 일본어를 학습하기 위해 배우는 일본어문법이라고 생각하면 쉬울 것이다.

2. 문장성분과 단어

2.1 문

문은 사고나 감정을 언어로 표현할 때, 구체성, 통일성, 완결성을 가진 문법상의 기본적 단위를 말한다. 일본어의 문에서는 일반적으로 의문부호(?)나 감탄부호(!)는 잘 사용하지 않으며 문의 중간에는 쉼표(読点(、)), 문의 끝에는 마침표(句点(。))를 사용한다.

예 私(わたし)は今日(きょう)、図書館(としょかん)に行(い)った。

2.2 문절

문절이란 하시모토 신키치가 만든 문법상의 용어로 의미를 해치지 않고 나눈 문의 최소 단위를 말한다. 일본어는 띄어쓰기를 하지 않으므로 문을 읽을 때 문절 단위로 끊어 읽는 경우가 많은데, 일반적으로 조사 「ね」를 붙여 읽었을 때 자연스럽게 끊어지는 단위가 문절과 일치하는 경우가 많다.

예 私(わたし)は/今日(きょう)/図書館(としょかん)に/行(い)った。

2.3 단어

단어란 그것만으로 하나의 의미를 가지며, 그 이상 나눌 수 없는 말의 최소 단위이다. 형태적으로는 하나 또는 둘 이상의 음절이 결합한 일정한 형태를 가지며 의미적으로는 일정한 의미를 나타내 그 이상 분해하면, 의미를 해치게 된다. 또한 기능적으로는 하나 또는 둘 이상이 연결되어 문절을 구성하는 요소가 된다.

예 私(わたし)/は/今日(きょう)/図書館(としょかん)/に/行(い)っ/た。

3. 일본어의 품사 분류

품사분류란 단어를 문법적 기능의 차이에 따라 체계적으로 분류한 것을 말한다.

일본어교육문법에서는 명사, 수사, イ형용사, ナ형용사, 동사, 부사, 지시사, 접속사, 간투사, 조사, 조동사, 코퓨라(단정의 조동사 「だ」와 그 문어체인 「である」로 명사에 접속하여 술어를 만드는 것)와 같이 12품사로 분류하고 있다.

한편 일본의 학교문법에서는 동사, 형용사, 형용동사, 명사, 부사, 연체사, 접속사, 감동사, 조동사, 조사와 같이 10품사로 분류하고 있는데 여기에서는 학교문법의 관점에서 일본어의 품사를 분류하기도 한다.

학교문법에서 품사를 분류하는 기준은 크게 3가지이다. 첫 번째로는 단독으로 문절을 만들 수 있는가, 즉, 자립어인가 부속어인가, 두 번째로는 활용의 유무, 세 번째로는 활용의 형태 또는 문에서의 기능이다.

다음 표는 이러한 분류기준에 의해 일본어의 품사를 분류한 것이다.

〈표 5-1〉 학교문법에서의 품사 분류

<table>
<tr><td rowspan="10">단어</td><td rowspan="8">자립어</td><td rowspan="3">활용어</td><td rowspan="3">술어가 되는 것</td><td>「う」단으로 끝남</td><td>동작, 작용, 존재를 나타냄(동사)</td></tr>
<tr><td>「い」로 끝남</td><td>성질, 상태를 나타냄(형용사)</td></tr>
<tr><td>「だ」로 끝남</td><td>성질, 상태를 나타냄(형용동사)</td></tr>
<tr><td rowspan="5">무활용어</td><td colspan="2">주어가 되는 것</td><td>사물의 명칭, 지시, 수량을 나타냄(명사)</td></tr>
<tr><td rowspan="4">주어가 되지 않는 것</td><td rowspan="2">수식어가 되는 것</td><td>체언을 수식(연체사)</td></tr>
<tr><td>용언을 수식(부사)</td></tr>
<tr><td rowspan="2">수식어 되지 않는 것</td><td>접속어가 되어 전후의 문절이나 문을 접속함(접속사)</td></tr>
<tr><td>독립어가 되어 감동이나 응답을 나타냄(감동사)</td></tr>
<tr><td rowspan="2">부속어</td><td>활용어</td><td colspan="3">주로 동사에 붙어 의미를 첨가하고 서술의 기능을 함(조동사)</td></tr>
<tr><td>무활용어</td><td colspan="3">여러 가지 단어에 붙어 관계를 나타내거나 의미를 첨가함(조사)</td></tr>
</table>

3.1 자립어인가? 부속어인가?

문절이란 앞서 기술한 바와 같이 의미를 해치지 않고 나눈 문의 최소 단위이다. 일본어에서 자립어인가 부속어인가를 나누는 기준은 단어가 단독으로 문절을 만들 수 있는가의 여부이며, 단독으로 문절을 만들 수 있는 것이 자립어이고 단독으로 문절을 만들 수 없는 것이 부속어이다.

다음 예문에서 「私」, 「今日」, 「図書館」, 「行っ(行く)」는 단독으로 문절을 만들 수 있는 자립어인데 반해, 「は」, 「に」, 「た」는 단독으로 문절을 만들 수 없는 부속어이다.

예 私(わたし)は今日(きょう)、図書館(としょかん)に行(い)った。

일본어의 자립어는 동사, 형용사, 형용동사, 명사, 부사, 연체사, 접속사, 감동사이며 조동사와 조사는 부속어에 속한다.

3.2 활용의 유무

활용은 활용하는 단어의 어미 부분에 여러 가지 의미를 나타내는 단어가 접속됨에 따라 그 형태가 변하는 것을 말한다. 일본어에서 활용하는 품사는 10품사 중 4종류이다.

먼저 자립어 중에는 동사, 형용사, 형용동사가 활용을 하며 명사, 부사, 연체사, 접속사, 감동사는 활용이 없다. 부속어 중에는 조동사가 활용을 하며 조사는 활용을 하지 않는다. 활용을 하는 단어를 활용어, 활용하지 않는 단어를 무활용어라고 한다.

3.3 활용의 형태, 문에서의 기능

활용을 하는 자립어는 어미가「ウ」단 으로 끝나는 동사, 어미가「イ」로 끝나는 형용사, 어미가「ダ」로 끝나는 형용동사로 구분되며 이러한 용언은 문에서 술어로서의 기능을 담당한다.

또한 활용하지 않는 자립어는 주어가 되는 명사(체언), 수식어가 되어 용언을 수식하는 부사, 체언을 수식하는 연체사, 접속어가 되는 접속사, 독립어가 되는 감동사로 나눌 수 있다.

한편, 활용을 하는 부속어인 조동사는 주로 동사에 붙어 의미를 첨가하고 서술의 기능을 부여하는 역할을 하며 활용하지 않는 부속어인 조사는 여러 가지 단어에 붙어 단어와 단어와의 관계를 나타내거나 의미를 첨가하는 역할을 한다.

3.4 품사분류가 필요한 이유

그렇다면 이러한 품사분류는 왜 필요한 것일까? 품사 분류를 하는 목적은 우선 한 언어의 구조를 이해하기 위함이고 그렇게 함으로써 문법 현상을 쉽게 설명하기 위함이다.

예를 들어 현대일본어에서 모어화자임에도 불구하고 「違う」의 접속형을 「違くて」라고 이야기하는 경우가 있는데 이를 문법적으로 틀린 표현이라고 판단할 수 있는 것은 「違う」가 동사이기 때문이다. 또한 「病気」는 명사이기 때문에 연체형은 「病気な人」가 아니라 「病気の人」가 된다. 이렇게 문법적으로 바른 표현을 만들 수 있는 것은 품사분류 덕분이라고 할 수 있다.

4. 일본어의 품사

앞서 기술한 바와 같이 품사분류란 단어를 문법적 기능의 차이에 따라 체계적으로 분류한 것을 말하며 현재 일본의 학교문법에서는 단독으로 문절을 만들 수 있는지의 여부, 활용의 유무, 활용의 형태 또는 문에서의 기능에 따라 동사, 형용사, 형용동사, 명사, 부사, 연체사, 접속사, 감동사, 조동사, 조사와 같이 10품사로 분류하고 있다. 여기에서는 이러한 10가지 품사에 대해 자세히 살펴보기로 한다.

4.1 활용하는 자립어

4.1.1 동사

동사는 사물의 동작(「動く」, 「行く」, 「運ぶ」 등), 작용(「降る」, 「咲く」, 「流れる」 등), 존재(「有る」, 「居る」 등) 등을 나타내는 자립어로 단독으로 술어가 될 수 있다.

(1) 동사의 활용형

동사는 그 사용법에 따라 어형이 변화하는데 이를 활용이라고 하며, 그 활용한 형태를 활용형이라고 한다. 동사의 활용형에는 미연형(未然形), 연용형(連用形), 종지형(終止形), 연체형(連体形), 가정형(仮定形), 명령형(命令形)과 같은 종류가 있다.

〈표 5-2〉 동사의 6가지 활용형

활용형 \ 용법	주요 용법
미연형	① 부정의 조동사「ない」에 접속된다. ② 사역의 조동사「せる」「させる」、 수동의 조동사「れる」「られる」에 접속된다. ③ 의지 등을 나타내는 조동사「う」「よう」에 접속된다.
연용형	① 조동사「ます」「た」「たい」「たがる」 등에 접속된다. ② 조사「て」「ても」「たり」 등에 접속된다. ③ 연용중지법으로 사용된다. ④ 체언적 용법으로 사용된다. ⑤ 다른 용언에 접속하여 복합어를 만든다.
종지형	① 문을 마친다. ② 조동사「そうだ」(전문)「らしい」(추측) 등에 접속된다. ③ 조사「と」「が」「けれども」 등에 접속된다.

연체형	① 체언에 접속된다. ② 조동사「ようだ」(비유)에 접속된다. ③ 조사「の」「ので」「のに」「しか」「くらい」등에 접속된다.
가정형	조사「ば」에 접속하여, 가정조건을 나타낸다.
명령형	명령의 의미로 문을 마친다.

(2) 동사의 종류

동사의 활용의 종류에는 오단(五段) 활용, 상일단(上一段) 활용, 하일단(下一段) 활용, サ행 변격활용, カ행 변격활용의 다섯 종류가 있다.

〈표 5-3〉 동사 활용의 종류

구분	특징	예
오단동사	• 어미가「ウ」단으로 끝남 • 어미가「ル」이고,「ル」앞이「ア」「ウ」「オ」단인 경우 • 특수오단동사	書(か)く 등 かかる、作(つく)る、乗(の)る 등 走(はし)る、切(き)る 등
상일단동사	• 어미가「ル」이고,「ル」앞이「イ」단인 경우	見(み)る、起(お)きる 등
하일단동사	• 어미가「ル」이고,「ル」앞이「エ」단인 경우	食(た)べる、寝(ね)る 등
サ행 변격동사	/	する、勉強(べんきょう)する
カ행 변격동사	/	来(く)る

(3) 동사의 음편

동사의 음편이란, 오단동사에만 나타나는 현상으로 연용형에「て」,

「た」,「たり」가 접속될 때 음운 상의 편의를 위해 음변화가 일어나는 현상을 말한다. 보통 오단동사의 연용형은 「う」단이 「い」단으로 바뀌지만, 이 경우는 특수하게 어미가 「い」,「ん」,「っ」으로 바뀐다.

〈표 5-4〉 동사의 음편

구분	음편	예
く, ぐ	イ음편(イ音便)	引く → 引いて 泳ぐ → 泳いで
ぬ, む, ぶ	발음편(撥音便)	死ぬ → 死んで 読む → 読んで 飛ぶ → 飛んで
う, つ, る	촉음편(促音便)	買う → 買って 待つ → 待って 乗る → 乗って
す	/	話す → 話して
例外	촉음편(促音便)	行く → 行って

4.1.2 형용사

형용사는 사물의 성질이나 상태, 모양, 감정 등을 나타내는 자립어로 활용이 있다. 사람이나 사물의 속성(특성, 성질)을 나타내는 속성형용사(若い, 明るい 등)와 사람의 감정, 감각을 나타내는 감정형용사(痛い, 悲しい 등)로 분류한다.

(1) 형용사의 활용형

형용사도 동사와 같이 그 사용법에 따라 어형이 변화하는데 이를 활용이라고 하며, 그 활용한 형태를 활용형이라고 한다. 형용사의 활용형에는 미연형, 연용형, 종지형, 연체형, 가정형은 존재하지만 명령형은 없다.

〈표 5-5〉 형용사 활용형의 주요 용법

구분	주요 용법	형용사
미연형	「ウ」에 접속된다.	-かろ
연용형	「ナイ」「タ」「ナル」에 접속된다.	① -く ② -かっ
종지형	문을 마친다.	-い
연체형	체언에 접속된다.	-い
가정형	「バ」에 접속된다.	-けれ
명령형	/	/

(2) 형용사의 「ウ」음편

형용사에도 「ウ」음편이 존재하는데 형용사의 「ウ」음편이란 형용사에 「ございます」「存じます」가 접속되는 경우 「ク」가 「ウ」로 바뀌는 현상을 말한다. 「ウ」음편은 다음과 같은 종류가 있다.

①「イ」 앞이 「ア」단인 경우 : 「ア」단 →「オ」단+「ウ」

예 ありがたい + ございます → ありがたく+ございます
→ ありがとうございます。

②「イ」 앞이 「イ」단인 경우 :「イ」단+「ゅ」+「ウ」

예 よろしい + ございます → よろしく+ございます
→ よろしゅうございます。

③「ィ」앞이「ャ」인 경우 :「ャ」→「ョ」+「ゥ」

예 はやい+ございます → はやく+ございます
→ はようございます。

④ 그 외의 형용사 :「ク」→「ウ」

예 あつい+ございます → あつく+ございます
→ あつうございます。
つよい+ございます → つよく+ございます
→ つようございます。

※ ①, ②, ③은 어간의 일부가 변함, ④는 어간이 변화하지 않음

(3) 형용사의 연체용법의 예외

형용사는 일반적인 경우, 기본형으로 명사를 수식하지만 「遠い」「近い」「多い」「少ない」와 같이 예외적 경우가 있다.

예 × 近(ちか)い図書館(としょかん)で勉強(べんきょう)する。

○ 近(ちか)くの図書館(としょかん)で勉強(べんきょう)する。

× 多(おお)い人(ひと)が参加(さんか)した。

○ 多(おお)くの人(ひと)が参加(さんか)した。

그러나 이러한 형용사가 명사수식절의 술어로 쓰이는 경우는 다음과 같이 기본형으로 명사를 수식할 수 있다.

예 家(いえ)の近(ちか)い人(ひと)

友(とも)だちの多(おお)いキムさん

4.1.3 형용동사

형용동사는 사물의 성질, 상태를 나타내는 자립어로 그 자체만으로 술어가 될 수가 있고, 활용이 있다. 형용동사도 활용이 있으며 활용한 형태를 활용형이라고 한다. 형용동사도 형용사와 같이 미연형, 연용형, 종지형, 연체형, 가정형이 있지만 명령형은 없다.

〈표 5-6〉 형용동사 활용형의 주요 용법

구분	주요 용법	형용동사
미연형	「ウ」에 접속된다.	-だろ
연용형	「ナイ」「タ」「ナル」에 접속된다.	① -だっ ② -で ③ -に
종지형	문을 마친다.	-だ
연체형	체언에 접속된다.	-な
가정형	「バ」에 접속된다.	-なら
명령형	/	/

4.2 활용하지 않는 자립어

4.2.1 명사

명사는 활용이 없는 자립어로, 그 자체만으로 주어가 되며 조사 등을 동반하여 문절을 만들 수 있는 단어이다. 명사의 종류에는 보통명사(구체명사, 추상명사)와 고유명사, 대명사, 수사(본수사, 조수사)가 있고, 특수명사로서 형식명사, 합성명사, 전성명사와 같은 종류가 있다.

4.2.2 연체사

연체사는 체언(명사)을 수식하는 자립어로 활용을 하지 않는다. 주어, 술어가 될 수 없으며, 그것만으로 연체수식어가 되는 단어이다. 연체사는 형태에 따라 다음과 같이 분류한다.

〈표 5-7〉 연체사 형태에 따른 분류

형태	예
「の」로 끝나는 것	この、その、あの、どの、当の、ほんの 등
「な」로 끝나는 것	大きな、小さな、いろんな、おかしな、こんな 등
「る」로 끝나는 것	ある、あらゆる、いわゆる、きたる、さる」 등
「た」로 끝나는 것	たいした、とんだ 등

4.2.3 부사

부사는 동사, 형용사, 형용동사와 같은 용언을 수식하는 자립어로, 문에서 주어가 되지 못하며 활용이 없다. 부사의 종류에는 상태(状態)부사, 정도(程度)부사, 진술(陳述)부사가 있는데 이중 상태부사는 주로 동사의 동작이나 상태를 자세히 설명하는 부사이다. 정태(情態) 부사라고도 불린다. 또한 정도부사는 주로 형용사·형용동사의 정도를 자세히 설명하는 부사이고 진술부사는 문말의 부정, 조건 등의 특정 성분을 수식하는 부사이다. 각각의 부사의 구체적인 예는 다음과 같다.

〈표 5-8〉 부사의 종류

종류	예
상태부사	ゆっくり、ふわふわ、じっと ずっと、しばらく 등
정도부사	とても、かなり、たいへん、 少し、より 등
진술부사	もし(〜なら)、けっして(〜ない)、たぶん(〜だろう) 등

4.2.4 접속사

접속사는 활용이 없는 자립어로 단독으로 주어, 술어, 수식어로 사용될 수 없으며, 그것만으로 접속어가 되는 단어이다. 접속사는 문과 문, 문절과 문절, 단어와 단어를 접속하는 역할을 하며 순접, 역접, 병립/첨가, 선택, 보충, 전환의 용법이 있다.

예 奈良および京都は、二大旧都である。

[단어와 단어]

彼女は絵もうまいし、また、字もうまい。

[문절과 문절]

明日テストがある。だから、今日は一生懸命勉強するつもりだ。 [문과 문]

〈표 5-9〉 접속사의 종류

종류	예
순접	したがって、だから、それゆえ、それで 등
역접	しかし、けれども、ところが、だが、でも 등
병립/첨가	そして、および、また、それから 등
선택	あるいは、それとも、もしくは 등
보충	つまり、すなわち、要するに、たとえば 등
전환	さて、では、ところで、ときに 등

4.2.5 감동사

감동사는 활용이 없는 자립어로, 문에서 주어, 술어, 수식어, 접속어가 되지 않는 독립어이다. 감동사에는 다음과 같은 종류가 있다.

〈표 5-10〉 감동사의 종류

종류	예
감동	あら、さあ、ほう 등
부르는 말	もしもし、あのね、ねえ 등
응답	はい、いいえ、ええ 등

4.3 부속어

부속어는 단독으로 문절을 구성할 수 없는 단어로, 활용의 유무에 따라 조동사와 조사로 분류한다.

4.3.1 조사

조사는 주로 자립어에 붙어 문절을 만들고, 그 자립어와 다음에 오는 말과의 관계를 나타냄과 동시에 이 자립어에 일정한 의미를 첨가해 주는 역할을 하며, 활용이 없다. 학교문법에서 조사는 접속과 기능에 따라 격조사, 접속조사, 부조사, 종조사로 분류된다.

- 격조사 : 명사에 붙어, 다른 문절과의 관계를 나타냄

예 「が」「の」「を」「に」「へ」「と」「から」「より」「で」「や」

- 접속조사 : 문과 절에 붙어, 다른 문절과의 관계를 나타냄

예 「ながら」「ば」「と」「ても」「が」「けれど」「けれども」「のに」「ものの」「ところで」「ので」「から」「し」「たり」「て」

- 부조사 : 주로 명사에 붙어, 화자의 태도를 나타냄

예 「は」「も」「こそ」「さえ」「でも」「しか」「まで」「ばかり」「だけ」「ほど」「くらい」「など」「きり」「なり」「やら」「か」

- 종조사 : 문과 문절에 붙어, 화자의 태도를 나타냄

예 「か」「な」(금지)「な」(감동)
「ぞ」「よ」「とも」「さ」「わ」「ね」「の」

4.3.2 조동사

조동사는 주로 용언 등의 자립어에 붙어, 여러 가지 의미를 첨가하는

부속어로 활용이 있다. 다른 조동사와 조사에 붙어 서술의 기능을 부여하는 경우도 있다.

조동사를 생각할 때 중요한 점은 조동사가 활용어(동사, 형용사, 형용동사)의 어떠한 활용형(미연형, 연용형 등)에 접속하는가, 조동사 그 자체가 어떻게 활용하는가, 조동사가 어떠한 의미를 지니는가이다.

조동사는 활용, 접속, 의미에 따라 다음과 같이 분류된다.

(1) 활용에 의한 분류

조동사를 활용에 따라 분류하면 다음과 같다.

〈표 5-11〉 활용에 따른 조동사의 분류

구분	예
동사형활용	れる・られる、せる・させる、たがる
형용사형활용	たい、ない、らしい
형용동사형활용	ようだ、そうだ、だ、みたいだ
특수형활용	ぬ(ん)、ます、です
무활용	う、よう、まい

(2) 접속에 의한 분류

조동사를 접속에 따라 분류하면 다음과 같다.

〈표 5-12〉 접속에 따른 조동사 분류

구분	예
미연형에 붙는 것	れる · られる、せる · させる、ない、ぬ(ん)、う(오단)、よう(오단 이외)、まい(오단 이외)
연용형에 붙는 것	た、たい、たがる、ます、そうだ(양태)
종지형에 붙는 것	そうだ(전문)、らしい、まい(오단)
연체형에 붙는 것	ようだ
체언에 붙는 것	だ、です、らしい、みたいだ
조사에 붙는 것	だ、です、ようだ

(3) 의미에 의한 분류

조동사를 의미에 따라 분류하면 다음과 같다.

〈표 5-13〉 의미에 따른 조동사 분류

구분	예
수동	れる · られる
가능, 자발, 존경	れる · られる
사역	せる · させる
부정	ない、ぬ(ん)
과거, 완료	た(だ)
추량, 의지, 권유	う · よう
희망	たい · たがる
정중	ます
단정	だ(です)
비유	ようだ、みたいだ
전문	そうだ
양태	そうだ

5. 보이스(Voice, 態)

보이스라는 것은 태(態)라고도 하며, 어떠한 사항을 이야기할 때, 무엇에 초점을 맞추어서 서술하는가에 따라 동사의 형태 등이 바뀌는 것을 말한다. 대표적인 것으로 수동과 사역, 가능과 자발, 그 외에 수수동사가 있다.

5.1 수동문

수동문은 동사에 조동사「れる」「られる」가 붙은 형식으로, 동작을 받는 사람이 주어가 되는 문이 수동문, 동작을 하는 사람이 주어가 되는 문이 능동문이다.

예 太郎(たろう)が花子(はなこ)を殴(なぐ)った。 〈능동문〉

花子(はなこ)が太郎(たろう)に殴(なぐ)られた。 〈수동문〉

5.1.1 수동문의 종류

(1) 직접 수동문

능동문의「を」격이나「に」격의 명사구가 수동문의 주어가 되는 수동문을 말한다.

예 親(おや)が子供(こども)を叱(しか)る。 〈능동문〉

子供(こども)が親(おや)に叱(しか)られる。 〈수동문〉

田中(たなか)さんが彼女(かのじょ)に話(はな)しかける。 〈능동문〉

彼女が田中さんに話しかけられる。　〈수동문〉

(2) 간접 수동문

능동문에는 없는 명사구가 수동문의 주어가 되는 수동문을 말한다. 주어가 어떤 행위나 사건에 의해 간접적으로 피해를 받는 의미를 나타내므로 피해의 수동문이라고도 한다.

예

隣の人が騒ぐ。　〈능동문〉

私は隣の人に騒がれる　〈수동문〉

子供が泣く。　〈능동문〉

母親は子供に泣かれた。　〈수동문〉

(3) 소유주(持ち主) 수동문

소유주 수동문이란 「の」로 나타나는 소유자가 주격이 되어 「は」로 나타나는 수동문을 말한다.

예

誰かが山田さんの名前を呼んだ。

山田さんは名前を呼ばれた。

誰かが田中さんの車を壊した。

田中さんは車を壊された。

5.1.2 수동문을 갖는 동사와 갖지 않는 동사

직접 수동문은 능동문의 「を」격이나 「に」격의 명사구가 수동문의 주어가 되므로「を」격이나「に」격을 취하는 동사만 수동문이 될 수 있다.

예 兄が弟を叱る。

弟が兄に叱られる。

田中が小林に声をかける。

小林が田中に声をかけられる。

또한 간접 수동문은 능동문에 포함되지 않는 명사구가 주어가 되므로, 능동문의 동사는 자동사, 「と」격으로 동작의 상대를 취하는 동사, 「を」격이나 「に」격을 취하는 타동사도 간접 수동문이 될 수 있다.

예 隣の人が騒いだ。

(私は)隣の人に騒がれた。

田中が幸子と結婚した。

(私は)田中に幸子と結婚された。

先生がライバルをほめた。

(私は)先生にライバルをほめられた。

능력을 나타내는 동사, 자발의 의미를 갖는 동사, 무의지 동사로 동사가 나타내는 동작이 다른 무언가에 영향을 미치지 않는 상태동사, 수동의 의미를 가지고 있는 동사는 간접 수동문이 될 수 없다.

- 능력을 나타내는 동사 :「できる」 및 동사의 가능형
- 자발적인 의미를 갖는 동사 :「見える」,「聞こえる」,「売れる」 등
- 무의지 동사로 동사가 나타내는 동작이 다른 것에 영향을 미치지 않은

상태동사:「ある」,「要る」 등

- 수동의 의미를 가지고 있는 동사:「教わる」,「見つかる」 등

5.1.3 직접 수동문의 동작주를 나타내는 격

(AがBにCを)「渡す」,「送る」,「与える」 등 무언가를 받는 사람이 「に」격으로 표현되는 동사의 경우, 수동문의 동작주가 「に」격으로 표현되면 혼란이 생기므로 동작주는 「から」격으로 표현한다.

예

○ 大会委員長から参加者全員に記念品が渡された。

× 大会委員長に参加者全員に記念品が渡された。

○ 権利は国から与えられるものでなく獲得するものだ。

× 権利は国に与えられるものでなく獲得するものだ。

또한(AがBを)「作る」,「建てる」,「書く」,「編む」 등 생산물이 생기는 동사의 경우, 생산물을 받는 사람이 「に」격으로 표현될 가능성이 있으므로 동작주는 「に」격이 아니라 「によって」로 나타내는 것이 보통이다.

예

○ 法隆寺は聖徳太子によって建てられた。

? 法隆寺は聖徳太子に建てられた。

○ このケーキは彼によって作られた。

? このケーキは彼に作られた。

5.1.4 수동문이 사용되는 경우

① 동작주보다 동작을 받는 입장에서 이야기할 경우, 수동문이 사용

된다.

예 川上投手は松井選手を三振に打ち取った。

松井選手は川上投手に三振に打ち取られた。

② 복문에서 전건의 주어와 후건의 주어를 맞출 필요가 있을때, 수동문이 사용된다.

예 彼に殴られながら、私は「いつか見返してやる」と思った。

みんなに愛されて、彼女は幸せそうでした。

年齢を聞かれると、29才と答えるようにしている。

다음은 위 예문에 대한 오용례이다.

예 × 彼が私を殴りながら、私は「いつか見返してやる」と思った。

× みんなが愛して、彼女は幸せそうでした。

× 年齢を聞くと、29才と答えるようにしている。

③ 동작주를 알 수 없는 경우도 수동문이 사용된다.

예 この歌は広く歌われている。

④ 불특정한 사람이 동작을 하고, 화자가 그 동작의 영향을 받는 경우에도 수동문이 사용된다.

예 ? 見知(みし)らぬ人(ひと)が私(わたし)に道(みち)を尋(たず)ねました。

○ (私(わたし)は) 見知(みし)らぬ人に道(みち)を尋(たず)ねられました。

⑤ 간접수동은 피해의 의미를 나타내기 위해 사용되며, 특히 원인·이유를 나타내는 「て」절을 포함하는 복문의 후건에 「困る」, 「残念だ」 등 감정을 나타내는 표현과 같이 사용된다.

예 隣(となり)の家(いえ)の人(ひと)に何時間(なんじかん)も大声(おおごえ)で騒(さわ)がれて困(こま)った。

5.2 사역문

상대에게 어떠한 행위를 하도록 요구하는 것을 시키는 입장에서 말하는 표현으로 문말에 「**せる·させる**」를 첨가하여 만든다.

예 妹(あね)に部屋(へや)の掃除(そうじ)をさせる。

子供(こども)に本(ほん)を読(よ)ませる。

5.2.1 사역의 의미

(1) 강제

행위자의 의지에 관계없이 강제하는 경우에 사용되는 사역이다.

예 子供(こども)にむりやり薬(くすり)を飲(の)ませた。

先生(せんせい)はいやがる田中(たなか)さんに歌(うた)を歌(うた)わせた。

(2) 허용, 방임

행위자가 무언가를 희망하는 경우에 사용한다.

예 子供が遊びたがるので、遊ばせておいた。

言いたい人は言わせればいい。

5.2.2 사역표현을 사용한 그 밖의 표현

「(さ)せられる」는 사역수동 표현으로 불리는 표현으로 스스로의 의지가 아니라, 다른 사람에게 강요되어 한 동작을 나타낸다. 이 경우 강제하는 사람은 「に」격으로 표현한다.

예 選手たちはコーチにグランドを走らせられた。

太郎は親に嫌いな野菜を食べさせられた。

이에 반해 선수가 코치에게 운동장을 달리는 것을 부탁한 경우에는 「させてもらう」를 사용한다.

예 選手たちはコーチに競技会で走らせてもらった。

「させてもらう」와 같은 형태는 다음과 같이 겸손한 표현으로 사용되지만, 상대의 허가를 얻을 필요가 없다.

예 そろそろ帰らせていただきます。

先生の小説、読ませていただきました。

5.3 가능문

가능이란 어떤 인물(또는 그것에 준하는 것)이 어느 동작이나 상태를 실현할 능력을 갖는 것(또는 갖지 않는 것)을 나타내는 표현이다. 가능문은 다음과 같은 표현을 사용하여 만들 수 있다.

(1) 가능동사

동사의 어미를 변화시키거나 조동사를 접속시켜 가능동사를 만들 수 있고「できる」와 같이 본래 가능의 의미를 갖는 동사도 있다.

예

私(わたし)は日本語(にほんご)ができる。

田中(たなか)さんは難(むず)しい漢字(かんじ)が読(よ)める。

私(わたし)は納豆(なっとう)が食(た)べられる。

(2)「~える/~うる」

가능동사와「～ことができる」보다 문어적인 표현으로 그 사태가 성립할 수 있는 성립 여부를 나타내기 때문에 능력을 나타내는 경우에는 사용할 수 없다.

예

そんなこともありえますね。

それも考(かんが)えうる。

× 田中(たなか)さんはフランス語(ご)が話(はな)しうる。

○ 田中(たなか)さんはフランス語(ご)が話(はな)せる。

(3)「동사기본형＋ことができる」

대부분의 동사를 가능 표현으로 만들 수 있는 표현으로 동사의 기본형에 접속한다. 동작성을 띠는 명사는 축약 형태로 표현할 수 있다.

예 私(わたし)はケーキを作(つく)ることができる。

彼は自転車(じてんしゃ)に乗(の)ることができる。

私(わたし)は運転(うんてん)ができる。

5.4 자발문

자발은 저절로 그렇게 된다는 의미를 가지며, 자발의 의미를 나타내는 표현은「思う」,「思い出す」,「偲ぶ」,「感じる」,「案じる」등 사고나 심정 등을 나타내는 동사에 한정된다.「見える」,「聞こえる」와 같이 자발의 의미를 갖는 동사도 있다.

예 彼女(かのじょ)のかわいそうに思(おも)われて、しょうがなかった。

あ、富士山(ふじさん)が見(み)える。

5.5 수수동사

같은 사항을 다른 시점에서 나타내는 표현은 많은 언어에서 자주 볼 수 있는 현상이다. 일본어에서도「買う·売る」,「貸す·借りる」「教える·教わる」등은 거의 같은 사항을 주는 측과 받는 측의 시점에서 표현한 것이다.

예 友(とも)だちにお土産(みやげ)をあげました。

姉がお菓子をくれました。

姉からお菓子をもらいました。

子供に絵本を読んであげました。

母がお菓子を買ってくれました。

母にお菓子を買ってもらいました。

수수동사인「あげる」,「くれる」,「もらう」와 동사「て」형에 수수동사가 붙은「~てあげる」,「~てくれる」,「~てもらう」도 다른 시점에서 같은 사항을 나타내는 표현이다.

6. 텐스·아스펙트

6.1 일본어의 텐스

텐스는 일반적으로 시제(時制)로 번역되는데, 텐스란 화자가 이야기하고 있는 시점을 기준으로 하여 어떠한 사건이 그 이전에 일어난 일인가, 그 이후 일어난 일인가를 나타내는 표현이다. 이러한 텐스를 생각할 때에는 다음 표와 같이 술어의「る」형과「た」형을 구별할 필요가 있다.

〈표 5-14〉「る」형과 「た」형

구분	る형	た형
동사	～ます 사전형 ～ません 부정형	～ました ～た ～ませんでした ～なかった
형용사	～い(です) ～くない(です) ～くありません	～かった(です) ～くなかった(です) ～くありませんでした
형용동사 명사＋だ	～です ～だ ～である ～ではありません ～ではない	～でした、～だったです ～だった ～であった ～ではありませんでした ～ではなかった

6.1.1 「た」형의 용법

「た」형이란 문말에서 사용되는 술어 중 「た」(「です」: 형용사·형용동사의 경우)의 형태로 끝나는 것을 말한다. 공손형(丁寧形), 보통형, 이러한 형태들의 부정형도 포함된다. 「た」 형에는 다음과 같이 크게 과거와 완료의 용법이 있다.

(1) 과거를 나타내는 경우

다음 예문의 「た」형은 과거를 나타낸다.

예 昔々(むかしむかし)、あるところにおじいさんとおばあさんがいました。

다음 예문의 「た」형도 과거를 나타내는데, A의 경우 오후 6시에는 점심을 먹을 찬스가 없으므로, 「昼ご飯を食べる」라는 행위는 과거에 일어났다고 밖에 해석할 수 없다.

예 (오후 6시경에)

A: 昼(ひる)ご飯(はん)を食(た)べました<u>た</u>か。

B1: ○ はい、食(た)べまし<u>た</u>。

× はい、<u>もう</u>食(た)べまし<u>た</u>。

B2: ○ いいえ、食(た)べ<u>ませんでした</u>。

× いいえ、<u>まだ</u>食(た)べ<u>ていません</u>。

(2) 완료를 나타내는 경우

다음 예문의 「た」형은 완료를 나타낸다. 완료는 기준이 되는 시점(기준시) 이전에 동작이나 사건이 완결된 것을 나타낸다. 이 경우 「た」형은 완료를 나타내므로 B2의「いいえ、できませんでした。」와 같이 과거로 대답하게 되면 문법적으로 틀린 문이 된다.

예 A: レポート、もうでき<u>た</u>？

B1: ○ はい、できまし<u>た</u>。

○ はい、<u>もうでき</u>まし<u>た</u>。

B2: × いいえ、でき<u>ませんでした</u>。

○ いいえ、<u>まだ</u>でき<u>ていません</u>。

다음 예문 A의 「た」형도 완료를 나타낸다. 오후 1시에는 아직 점심을 먹을 찬스가 있으므로 이 경우 「た」형은 완료를 나타낸다. 따라서 B2의

「いいえ、食べませんでした。」와 같이 과거로 대답하게 되면 문법적으로 틀린 문이 된다.

예 (오후 1시경에)

A: 昼(ひる)ご飯(はん)を食(た)べましたか。

B1: ○ はい、食(た)べました。

○ はい、もう食(た)べました。

B2: × いいえ、食(た)べませんでした。

○ いいえ、まだ食(た)べていません。

(3) 그 외의 「た」형의 용법

「た」형에는 과거, 완료 용법 이외에도 다음과 같은 용법이 있다.

① 현재의 인식

다음 예문에서 사용된 「た」형은 과거로도 완료로도 볼 수 없다. 버스는 아직 정류장에 오지 않았고, 지갑은 현재 눈앞에 있다. 이 경우의 「た」형은 과거, 완료를 나타내는 것이 아니라, 버스가 오거나 지갑이 있는 것을 인식했다는 것을 나타내는 인식의 「た」라고 볼 수 있다.

예 あ、バスが来(き)た。

探(さが)していた財布(さいふ)、ここにあったのか。

② 재인식

다음 예문에서는 과거의 인식에 대해 「た」로 다시 한 번 인식하고 있다는 것을 나타내는 재인식의 「た」라고 볼 수 있다.

예 君(きみ)、田中君(たなかくん)だったね。

③ 과거로서의 인식

다음 예문에서 사용된 「た」형은 감사나 축하의 마음은 지금도 계속되고 있지만, 감사하거나 축하하고 싶은 사건을 과거로 인식하고 있다는 것을 나타내는 용법이다.

예 ありがとうございました。
おめでとうございました。

6.1.2 「る」형의 용법

문말에서 사용되는 술어 중 「た」형 이외의 것을 가리킨다. 공손형(丁寧形), 보통형, 이러한 형태의 부정형도 포함되지만, 「ている(ています)」, 「ていない(ていません)」로 끝나는 「ている」형은 포함되지 않는다. 「る」형에는 다음과 같이 크게 세 가지 용법이 있다.

(1) 현재

존재나 소유를 나타내는 상태동사의 「る」형이나 동사 이외 술어의 「る」형은 현재를 나타낸다. 이와 같은 상태동사, 형용사, 형용동사, 명사 ＋「だ」를 정적 술어라고 한다.

예 かごの中にウサギがいます。

このチーズはおいしい。

田中さんは学生だ。

本は机の上にあります。

「食べる」와 같은 동작 동사나「降る」와 같은 작용을 나타내는 동사의 「る」형은 미래를 나타낸다. 이러한 술어를 동적 술어라고 하며, 이러한 동사가 현재를 나타내기 위해서는「ている」형을 사용한다.

예 山田さんはレストランで夕食を食べています。 **[현재]**

雨が降っています。 **[현재]**

(2) 미래

「見る」,「休む」와 같은 동작 동사나 작용을 나타내는 동사의「る」형은 미래를 나타낸다. 이 경우 동사는 확실하게 미래에 일어날 것이라는 의미를 나타낸다.

예 今晩、映画を見ます。 **[미래]**

ちょっと休みます。 **[미래]**

상태동사나 형용사, 형용동사, 명사 술어문의「る」형과 같은 정적 술어가 미래를 나타내는 부사와 함께 사용되어 미래를 나타내는 경우도 있다.

예 今日は午後から授業があります。

今週の日曜日は忙しいです。

来年から大学生です。

(3) 초시간적인 표현

명사, 형용사, 동사 등의 기본형은 시간을 초월하여 불변의 진리, 자연법칙 등을 나타낼 수 있다.

예 冬は寒い。

太陽は東のほうから昇る。

6.3 일본어의 아스펙트

아스펙트는 동작이나 사건의 개시, 계속, 종료 등과 같은 시간적 성질에 관한 것을 말한다. 아스펙트를 갖는 것은 동사에 한정되며, 일본어에서 대표적인 아스펙트 형태로는「る」,「た」,「ている」,「てある」,「ておく」,「ていく」,「てくる」,「てしまう」,「ます형＋はじめる/おわる/つづける」등이 있다.「ている」는 아스펙트 중에서 계속을 나타내는 가장 전형적인 형태로「ている」에는 계속, 상태, 결과상태, 경력 등의 용법이 있으며, 이와 같은 용법은 동사에 따라 정해진다.

6.3.1 「ている」의 의미

「ている」에는 다음과 같이 크게 네 가지 용법이 있다.

(1) 계속

「食べる」,「降る」와 같은 동작이나 사건을 나타내는 동사의「ている」는 동작이나 사건의 계속을 나타낸다.

예 田中(たなか)さんはレストランで夕食(ゆうしょく)を食(た)べています。

彼(かれ)は運動場(うんどうじょう)を走(はし)っています。

雨(あめ)が降(ふ)っています。

風(かぜ)が吹(ふ)いています。

(2) 상태

다음의「すぐれる」,「そびえる」,「似る」,「曲がる」와 같은 동사의「ている」는 상태를 나타내며, 이들 동사는 항상 「ている」의 형태로 쓰인다.

예 すぐれている。

そびえている。

似(に)ている。

道(みち)が曲(ま)がっている。

(3) 결과 상태

「死ぬ」,「割れる」,「溶ける」와 같이 변화를 나타내는 동사의「ている」는 변화된 결과 상태가 계속되고 있음을 나타낸다.

예 教室(きょうしつ)の窓(まど)ガラスが割(わ)れています。

虫が死んでいます。

(4) 경력

다음 예문에서의「ている」는 경력을 나타낸다.

예 彼は二度結婚している。

入試に二回落ちている。

6.3.2 아스펙트가 없는 동사

「ある」,「いる」와 같이 존재를 나타내나 동사의 가능형과 같은 상태 동사는「ている」형이 없다.

6.3.3 그 밖의 아스펙트 표현

(1) 직전을 나타내는 경우

「~かける」,「~ようとしている」,「~するところだ」 등과 같은 표현이 있다.

예 彼女は倒れかけている。

ご飯を食べようとしている。

今、出かけるところだ。

(2) 개시를 나타내는 경우

「~かける」,「~始める」, 「~出す」 등과 같은 표현이 있다.

예 観客(かんきゃく)が席(せき)を立(た)ちかける。

学生(がくせい)たちは勉強(べんきょう)をし始(はじ)めました。

雨(あめ)が降(ふ)り出(だ)しました。

(3) 진행 중임을 나타내는 경우

「~しているところだ」 등과 같은 표현이 있다.

예 ご飯(はん)を食(た)べているところです。

(4) 직후, 종결을 나타내는 경우

「~たところだ」, 「~終わる/~終える」 등과 같은 표현이 있다.

예 ご飯(はん)を食(た)べたところです。

本(ほん)を読(よ)み終(お)えました。

飲(の)み終(お)わりました。

7. 모달리티(modality, 叙法)

문은 객관적 사실을 나타내는 부분과 그 사실에 대한 화자의 태도를 나타내는 부분으로 나누어지는데 전자를 명제, 후자를 모달리티라고 한다. 모달리티는 단정, 확신, 추량, 전문 등 어떠한 객관적 사실에 대한 화자의 태도를 나타내는 표현이다.

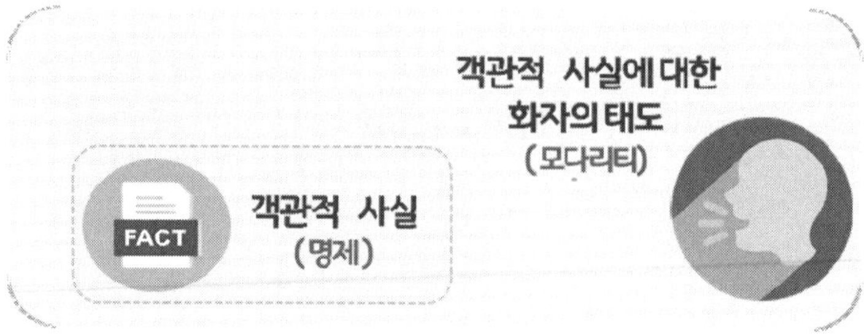

〈그림 5-1〉 명제와 모달리티

7.1 단정을 나타내는 표현

명제에 대해 화자가 단정적으로 판단하여 서술하는 형식이다. 대표적인 표현으로 「だ」, 동사 · 형용사 · 형용동사의 기본형, 이러한 형태의 부정형, 과거형, 과거부정형, 「です」, 「ます」와 같은 표현도 단정을 나타내는 표현이다.

예 あの人(ひと)は田中(たなか)さんの奥(おく)さんだ。

この部屋(へや)は静(しず)かだ。

彼(かれ)は必(かなら)ず来(く)る。

結局(けっきょく)、彼女(かのじょ)は来(き)ませんでした。

7.2 추량(推量)을 나타내는 표현

7.2.1 「だろう」(정중표현 「でしょう」)

「だろう」는 화자의 생각을 단정하지 않고 추량할 때 사용하는 표현이다.

예 明日(あした)は雨(あめ)が降(ふ)るだろう。

彼(かれ)はきっと来(く)るでしょう。

7.2.2 「かもしれない」

「かもしれない」는 어느 정도의 가능성을 나타내는 표현이다.

예 彼(かれ)は来(く)るかもしれない。

7.2.3 「はずだ」「にちがいない」

「はずだ」, 「にちがいない」는 어느 정도 확신을 가지고 말할 때 쓰는 표현이다.

예 彼(かれ)は来(く)るに違(ちが)いない。

彼(かれ)は来(く)るはずだ。

7.3 추정(推定)을 나타내는 표현

7.3.1 「そうだ」(양태)

「そうだ」는 형용사, 형용동사에 접속하면 대상의 외관으로부터 그 성질을 추정하는 의미가 되고 동작이나 변화를 나타내는 동사에 접속하면 동작이나 변화를 일으키는 징후를 나타낸다.

예 このケーキはおいしそうです。

このワープロは便利(べんり)そうです。

山田さん、上着のボタンが落ちそうですよ。

(空が曇っていることから) 雨が降りそうだ。

7.3.2 「ようだ」, 「みたいだ」, 「らしい」

「ようだ」, 「みたいだ」는 상황이나 경험으로부터의 판단을 나타내는 표현이다. 이중 「ようだ」는 주로 문장체나 격식을 차린 말투에 사용되며, 「みたいだ」는 주로 회화체에 사용된다.

예 会員がそろったようですので、会議を始めたいと思います。

(荷造りしている状況から)彼女は旅行に行くようだ。

この店は休みみたいですから、別の店に行きましょうか。

(高橋さんはせきをしている状況から)高橋さんはかぜを引いているらしいです。

「らしい」도 상황이나 경험으로부터의 판단을 나타내는 경우에 사용한다. 그러나 「らしい」는 「ようだ」, 「みたいだ」와 같은 표현보다 무책임한 뉘앙스를 띄기 쉬우므로 다음 예문과 같이 책임을 가지고 발언하지 않으면 안 되는 경우, 「らしい」는 사용할 수 없다.

예 ○ 胃が弱っているようです。

この薬(くすり)を飲(の)んでください。

○ 胃(い)が弱(よわ)っているみたいです。

この薬(くすり)を飲(の)んでください。

× 胃(い)が弱(よわ)っているらしいです。

この薬(くすり)飲(の)んでください。

이러한 「らしい」의 용법은 전문(伝聞) 용법과도 연결되어 「らしい」는 7.5의 전문 표현 「そうだ」에 비해 정보원(情報源)이 명확하지 않은 경우에 사용된다.

예 うわさによると、彼(かれ)はアメリカに留学(りゅうがく)するらしいです。

또한, 「らしい」는 다음 예문과 같이 명사에 붙어 그 명사의 전형적인 성질을 나타내는 접미사적 용법이 있으므로 추정 용법과의 구별이 필요하다. 접속에 있어서도 추정을 나타내는 「らしい」는 명사 외에 형용사, 형용동사, 동사에 접속되지만 접미사 「らしい」는 명사에만 접속된다.

예 彼(かれ)の格好(かっこう)いかにも芸術家(げいじゅつか)らしいですね。

人(ひと)のものを盗(ぬす)むなんて、彼(かれ)らしくない行動(こうどう)ですね。

7.4 추량과 추정의 차이

그렇다면 추량표현과 추정표현은 어떠한 차이가 있을까? 추량과 추정

표현 모두 화자가 어떠한 사항을 판단한다는 점에 있어서는 동일하지만, 그 판단의 근거에 차이가 있다. 추정 표현은 화자가 어떠한 근거를 가지고 판단하는 경우에 사용되고 추량표현은 근거가 없이 행하는 판단이라는 점에 차이가 있다. 즉, 다음 첫 번째 예문은 아무런 근거 없이 그는 꼭 올 것이라고 판단하는 추량표현이고, 두 번째 예문은 직접 짐을 싸고 있는 상황을 보면서 그녀는 여행 가는 것 같다고 판단하는 추정표현이다.

예 彼はきっと来るでしょう。

(荷造りしている状況から) 彼女は旅行に行くようだ。

추량표현에는「だろう」,「かもしれない」,「はずだ」,「にちがいない」등이 있고, 추정표현에는「そうだ」,「ようだ」,「らしい」가 있다.

7.5 전문을 나타내는「そうだ」

전문을 나타내는 표현「そうだ」는 타인으로부터 듣거나, 책에서 읽거나, 뉴스에서 보거나 해서 알고 있는 사항을 나타낸다.「~によると」,「~の話では」등과 같이 정보원을 나타내는 표현과 같이 사용되는 경우가 많다.

예 先輩の話では月曜日のゼミは役に立つそうです。

新聞によると明日は雨だそうです。

연습문제　일본어의 문법

1. 다음 문은 몇 개의 문절과 단어로 이루어졌는지 쓰세요.

① 昔々、あるところにおじいさんとおばあさんがいました。

문절:

단어:

② 私は子供の頃、よく動物園に行きました。

문절:

단어:

③ あら、とてもすてきなクルマですね。

문절:

단어:

④ でも、今日だけはすき焼きが食べたいです。

문절:

단어:

⑤ この中には傘が二本も入りますよ。

문절:

단어:

2. 다음 예문을 자립어와 부속어로 구분하시오.

① 昔々、あるところにおじいさんとおばあさんがいました。

자립어:

부속어:

② 私は子供の頃、よく動物園に行きました。

자립어:

부속어:

③ あら、とてもすてきなクルマですね。

자립어:

부속어:

④ でも、今日だけはすき焼きが食べたいです。

자립어:

부속어:

⑤ この中には傘が二本も入りますよ。

자립어:

부속어:

3. 다음 예문의 각각의 품사를 쓰시오.

① 昔々、あるところにおじいさんとおばあさんがいました。

② 私は子供の頃、よく動物園に行きました。

③ あら、とてもすてきなクルマですね。

④ でも、今日だけはすき焼きが食べたいです。

⑤ この中には傘が二本も入りますよ。

4. 학교문법이란 일본의 학교에서 가르치고 있는 문법으로 (　　　　　　) 문법을 기초로 만들어진 문법체계이다.

5. 구어문법이 (　　　　　　　　　　　　)하기 위해 기능하는데 반해 문어문법은 (　　　　　　　　　　　　)하기 위해 기능한다.

6. 일본어의 동사는 (　　　　　　　　　　), (　　　　　　　　　　), 종지형, (　　　　　　　　　　), 가정형, 명령형 등 6가지의 활용형이 있다.

7. (　　　　　　　　　　　　)이란 오단동사에만 나타나는 현상으로 동사의 연용형에 「て」「た」「たり」가 접속될 때 음운 상의 편의를 위해 음변화가 일어나는 현상이다.

8. (　　　　　　　　　　　　)이란 형용사에 「ございます」「存じます」

가 붙는 경우 음운 상의 편의를 위해 「く」가 「う」로 변하는 현상이다.

9. 문은 객관적 사실을 나타내는 부분과 그 사실에 대한 화자의 태도를 나타내는 부분으로 나누어지는데 전자를 명제, 후자를 (   ) 라고 한다.

10. (   )란 어떠한 사항을 이야기할 때, 무엇에 초점을 맞추어서 서술하는가에 따라 동사의 형태 등이 바뀌는 것을 말한다.

chapter

6

일본어의 경어

1. 대우표현이란?

우리는 다른 사람과 이야기할 때 그 사람과의 인간관계, 장면, 화제 등을 고려하여 같은 내용을 이야기하더라도 그 상황에 가장 맞는 언어 표현을 선택하게 되는데 이렇게 상대를 어떻게 대우하는가에 관계되는 언어 표현을 '대우표현'이라고 한다. 대우표현에는 다음과 같이 형식면에서의 대우표현과 운용면에서의 대우표현이 있다.

1.1 형식면에서의 대우표현

형식면에서의 대우표현에는 높은 대우를 나타내는 경어(敬語)와 낮은 대우를 나타내는 비매(卑罵)표현이 있는데 그 구체적 예를 살펴보면 다음과 같다.

〈표 6-1〉 형식면에서의 대우표현

<table>
<tr><th>구분</th><th colspan="2">종류</th><th>예</th></tr>
<tr><td rowspan="4">높은 대우</td><td rowspan="4">경어</td><td rowspan="2">소재경어</td><td>존경어: いらっしゃる, おっしゃる, お〜になる, れる・られる 등</td></tr>
<tr><td>겸양어: いただく, うかがう, お〜する 등</td></tr>
<tr><td rowspan="2">대자경어
(장면경어)</td><td>공손어: です, ます</td></tr>
<tr><td>*미화어: お菓子(かし), お天気(てんき) 등</td></tr>
<tr><td>낮은 대우</td><td colspan="2">비매(卑罵)표현</td><td>食(く)う, 〜やがる 등</td></tr>
</table>

1.2 운용면에서의 대우표현

운용면에서 대우표현은 경어 체계에는 속하지 않지만 「〜てくれる」, 「〜てもらう」와 같은 은혜(恩恵)표현을 사용하거나 「〜のほう」, 자동사 등과 같은 완곡한 표현, 윗사람을 평가하거나 의향을 직접적으로 묻는 것을 피하는 표현 등을 사용함으로써 상대에게 정중함을 나타내는 표현이다.

〈표 6-2〉 운용면에서의 대우표현

정중하게 표현하기 위한 전략	예
은혜표현	〜てくれる、〜てもらう등
완곡한 표현	〜のほう、자동사 등
칭찬	先生(せんせい)、今(いま)の授業(じゅぎょう)とてもよかったです。 ＊先生(せんせい)、今(いま)の授業(じゅぎょう)とても上手(じょうず)でした。
질문	社長(しゃちょう)も飲(の)み会(かい)にいらっしゃいませんか。 ＊社長(しゃちょう)も飲(の)み会(かい)にいらっしゃいたいですか？

2. 소재경어(素材敬語)와 대자경어(対者敬語)

경어는 이야기 상대와 화제의 인물에 대한 경의를 나타내는 표현으로 윗사람(선생님, 직장상사, 연장자), 모르는 사람이나 친하지 않은 사람, 공식적인 장소에서 이야기할 때 등에 사용된다. 일본어는 경어가 매우 발달한 언어 중의 하나이다.

일본어의 경어는 크게 이야기의 소재가 되는 인물에 대한 경의를 나타내는 소재경어(존경어, 겸양어)와 현재 나와 이야기하고 있는 상대에 대한 경의를 나타내는 대자경어(공손어)로 나누어진다. 그 외 미화어도 경어에 포함시키는 경우가 있다.

2.1 소재경어

소재경어란 화제의 인물, 즉 동작이나 상태의 주체에 대한 경의를 나타내는 표현이다. 다음 예문에서는 화제의 인물, 즉 동작의 주체인 선생님에 대한 경의가 나타나 있음을 확인할 수 있다.

예 先生(せんせい)はもうお帰(かえ)りになった？

2.2 대자경어

대자경어는 장면(場面)경어라고도 하며, 상대에 대한 경의를 나타내는 표현이다. 다음 예문은 화제의 인물인 선생님에 대한 경의뿐만 아니라 지금 나와 이야기하고 있는 이야기 상대에 대한 경의도 나타나 있다는 것을 알 수 있다.

예 先生(せんせい)はもうお帰(かえ)りになりましたか？

만약 화제의 인물과 상대가 동일 인물인 경우 대자경어는 다음과 같이 표현된다. 다음 예문에서는 화제의 인물과 이야기 상대가 모두 「田中さん」으로 「召し上がる」는 화제의 인물로서의 「田中さん」에 대한 경의를, 「ます」는 이야기 상대로서의 「田中さん」에 대한 경의를 나타내고 있다.

예 (田中(たなか)さんに対して)

田中(たなか)さんはもうお昼を召(め)し上(あ)がりましたか？

3. 존경어

존경어는 화제의 인물, 즉 동작이나 상태의 주체에 대한 경의를 나타내는 표현이다. 다음 예문에서는 「お帰りになる」의 동작의 주체인 「先生」와 「いらっしゃる」의 상태의 주체인 「お客様」에 대한 경의가 나타나 있다.

예 先生(せんせい)はもうお帰(かえ)りになりましたか？

お客様(きゃくさま)は玄関(げんかん)にいらっしゃいます。

3.1 존경어의 형식

3.1.1 동사

동사의 존경어 표현은 다음과 같은 종류가 있다.

(1) 특수한 형태

특수 존경어에 해당되는 표현은 다음과 같다. 이 표현은 여러 존경 표현 중 가장 경의가 높다.

〈표 6-3〉 특수 존경어

특수 존경어	동사
召し上がる	食べる・飲む
いらっしゃる	いる
いらっしゃる	行く
いらっしゃる	来る
ご存じだ	知っている
なさる	する
おっしゃる	言う
お会いになる	会う
ご覧になる	見る

(2) お(ご)-동사의 연용형-になる

이 표현은 변격동사와 1음절인 동사, (1)과 같이 특수한 형태가 있는 경우에는 사용하지 않는다.

예 お待ちになる、お教えになる 등

(3) 오단동사 → 미연형+れる, 일단동사 → 미연형+られる

이 표현은 조동사를 접속시키는 표현으로 「できる」「分かる」와 같은

상태동사나 가능동사에는 사용되지 않는다.

예 書かれる、教えられる 등

일반적으로 (3)에 비해, (1)과 (2)가 더 정중한 표현이고 어휘적인 존경 표현인 (1)이 가장 경의가 높은 표현이다.

3.1.2 명사

명사의 존경표현에는 다음과 같이 그 명사로 표현되는 인물을 높여 주는 것이 있다.

예 こちら、そちら、あちら、どちら、どなた、～かた(人)、～さん、～様、～氏、～方 등

또한 「お(ご)」를 붙여 그 명사의 소유자를 높여 주는 방법이 있다. 주로 「お」는 고유어, 「ご」는 한자어에 붙지만 예외적인 경우도 있다.

예 お — お名前、お仕事、お部屋、お手紙、お留守 등

ご — ご住所, ご両親, ご兄弟, ご家族, ご研究 등

(예외) お時間、お電話、お宅 등

3.1.3 형용사, 형용동사

형용사, 형용동사에는 「お(ご)」를 붙여 존경어가 되는 것이 있는데 이 경우도 주로 「お」는 고유어, 「ご」는 한자어에 붙는다. 「お元気」와 같이 예외적인 경우도 있다.

예 お — お忙(いそ)しい、お暇(ひま)、お寂(さび)しい、お早(はや)い 등

ご — ご多忙(たぼう)、ご心配(しんぱい)、ご満足(まんぞく)、ご不満(ふまん) 등

(예외) お元気(げんき) 등

3.2 상대경어와 절대경어

일본어는 한국어와 달리 조직 외의 사람에게 가족이나 조직 내의 사람에 대해 이야기할 때 손윗사람이나 지위가 높은 사람이라고 해도 경어를 사용하지 않는다. 이렇게 가족이나 조직 내의 인물을 조직 외의 인물에게 낮추어 이야기하는 경어를 상대경어라고 한다.

예 部長(ぶちょう)がいらっしゃいました。 (회사 내)

部長(ぶちょう)が参(まい)りました。 (회사 외)

한편, 한국어와 같이 가족이나 조직 내외 관계없이 손윗사람이나 지위가 높은 사람에 대해 높여 이야기 하는 경어를 절대경어라고 한다.

4. 겸양어

겸양어는 동작의 주체를 낮추어 상대적으로 동작을 받는 상대에 대한 경의(그 사람의 소유물 포함)를 나타내는 표현이다. 다음 예문에는 동작의 주체인 「私」의 「お送りする」라는 동작을 받는 상대인 사장, 「拝見する」라는 동작을 받는 연구실의 소유주인 선생님에 대한 경의가 나타나 있다.

예

私はゆうべ社長を車でお送りしました。

先生の研究室をぜひ拝見したいです。

4.1 겸양어의 형식

4.1.1 동사

(1) 특수한 형태

특수 겸양어에 해당되는 표현은 다음과 같다. 이러한 특수한 형태의 겸양어는 (2)와 같은 겸양어에 비해 경의가 더 높다.

〈표 6-4〉 특수 존경어

특수 존경어	동사
食べる・飲む	いただく
いる	おる
行く	参る・伺う
来る	参る・伺う
知っている	存じておる
する	致す
言う	申す
会う	お目にかかる
見る	拝見する

(2) お(ご)-동사의 연용형-する

이 표현도 변격동사와 1음절인 동사, (1)과 같이 특수한 형태가 있는 경우에는 사용하지 않는다.

예 お待ちする、お教えする、ご案内する 등

4.1.2 명사

명사에는 「お(ご)」를 동반하여 겸양어가 되는 것이 있는데 이 경우도 예외는 있지만 「お」는 고유어, 「ご」는 한자어에 붙는다.

예 お — お話 등

ご — ご相談、ご連絡、ご案内 등

(예외) お電話 등

겸양어는 동작의 대상에 대한 경의를 나타내는 표현이므로 다음 예문과 같이 경의를 표할 상대가 존재하지 않는 경우 겸양어를 사용할 수 없다.

예 × 昨日、図書館に伺った。

○ 昨日、先生の研究室に伺った。

× 昨日、テレビを拝見しました。

○ 昨日、田中さんが出演された番組を拝見しました。

5. 공손어

공손어는 공손한 말을 사용함에 따라 상대에게 경의를 나타내는 표현이다. 대표적인 공손어에는 문말의 「です」, 「ます」가 있다.

다음 예문 중 위 예문에는 화제의 인물인 선생님에 대한 경의만 나타나 있지만, 아래 예문에서는 공손어를 사용함에 따라 이야기 상대에 대한 경의도 나타내고 있다.

예 先生(せんせい)がいらしゃったから、お茶(ちゃ)をお出(だ)ししたよ。

先生(せんせい)がいらしゃったから、お茶(ちゃ)をお出(だ)ししましたよ。

6. 미화어

학교문법에서는 경어를 존경어, 겸양어, 공손어와 같이 세 종류로 구분하고 있다. 미화어는 품위 있고 우아한 말투로 이야기하기 위해 사용하는 표현으로 일본어교육에서는 미화어를 경어에 준하는 것으로 취급한다.

미화어에서도 「お」는 고유어, 「ご」는 한자어에 붙는 규칙이 있지만 예외도 있다.

예 お — お茶(ちゃ)、お菓子(かし)、お寿司(すし)、お店(みせ)、お手洗(てあら)い 등

ご — ご飯(はん) 등

(예외) お天気(てんき) 등

명사에 붙는 「お(ご)」는 미화어 외에 존경어, 겸양어로 사용되는 경우도 있으므로 주의해야 한다.

예

わざわざ**お電話(でんわ)**をありがとうございます。(존경어)

後(のち)ほどこちらから**お電話(でんわ)**をかけさせていただきます。 (겸양어)

妹(いもうと)に**お電話(でんわ)**をかけました。 (미화어)

연습문제 경어

1. 다음 밑줄 친 부분이 존경어, 겸양어, 미화어 중 어떠한 용법으로 쓰였는지 쓰세요.

① こちらから後ほどお電話差し上げます。(　　　　　　　　　　)

② 妹に安否のお電話をしました。(　　　　　　　　　　)

③ 明日までにお電話ください。(　　　　　　　　　　)

④ 先生、お食事はいかがなさいますか。(　　　　　　　　　　)

⑤ おととい弟とお食事をしました。(　　　　　　　　　　)

2. 다음 밑줄 친 부분의 경어를 바르게 고치세요.

① ア客様、こちらのパンフレットご利用できますよ。

→

② 木村さま、こちらでお待ちしてください。

→

③ 先生も今度のパーティーにいらっしゃいたいですか。

→

④ 昨日、大学の図書館に伺いました。

→

⑤ 今日中、うちの鈴木さんが貴社にいらっしゃいます。

→

3. 존경어, 겸양어는 이야기의 화제가 되는 인물에 대한 경의를 나타내는 (   )경어이고, 공손어는 지금 나와 이야기를 나누는 사람에 대한 경의를 나타내는 대자경어(장면경어)로 구체적 표현에는 (,   )가 있다.

4. 존경어 중 경의가 가장 높은 표현은 특수한 형태의 존경어이고 다음으로 (   )와 같은 표현,「れる」「られる」와 같이 조동사를 접속하여 사용하는 경우가 경의가 가장 낮은 표현이라고 할 수 있다.

5. 일본어는 조직 외의 사람에게 가족이나 조직 내의 사람을 높여서 이야기 하지 않는 (   )를 사용한다.

chapter 7 사회언어학

사회언어학이라는 용어는 1960년대 미국에서 사용되기 시작한 sociolinguistics의 번역어로 사회 속에서 사는 인간, 또는 그 집단과의 관계에 따른 언어 현상, 언어 운용을 다루는 학문 분야이다. 일본에서 사회언어학이라는 용어가 사용되기 시작한 것은 1970년부터이지만 쇼와 초기(1933년 이후)에 사회언어학 연구라고 볼 수 있는 연구가 언어생활이라는 명목 하에 행해졌다. 이러한 사회언어학의 기본적인 입장은 사회와의 관계 속에서 언어를 다루려는데 있다.

이 장에서는 일본의 어학의 연구영역을 언어변종, 언어행동, 언어생활, 언어접촉, 언어변화, 언어의식, 언어습득, 언어계획의 8가지 항목으로 분류하여, 각 분야에서 다루어지는 연구내용에 대해 개관하기로 한다.

1. 연구방법론상의 특징

일본의 사회언어학 연구방법의 특징은 가설을 먼저 세우고 그에 대해 입증해 가는 패턴을 취하는 것이 아니라 축적된 데이터로부터 그 실태를 파악해 가는 방법을 취한다. 여기에는 사회언어학이라는 연구에서 가장 중요한 것은 객관적인 데이터라는 것과 데이터에 근거하지 않는 이론은 공론(空論)이라는 철학이 담겨있다. 일본의 대표적인 사회언어학자인 사나다 신지(真田真治)는 한 사람 한 사람의 얼굴이 보이는 연구를 지향하고 있으며 추상화된 이론을 구축하기보다는 언어를 통하여 개개인의 인간을 관찰하는 것에 중점을 두고 있다.

이에 반해 유럽이나 미국의 사회언어학 연구자들은 보편적인 경향을 파악하는 데에 흥미를 가지는 경우가 많다.

2. 언어변종(속성과 말)

언어변종이란 같은 내용을 말하더라도 언어를 사용하는 사람의 출신지, 계층, 직업, 성별, 연령 등의 사회적 속성에 따라 다른 표현이 사용되는 것을 말한다. 이렇게 속성에 따라 말이 달라지는 현상을 위상(位相)이라 하고, 거기에 따른 언어상의 차이를 위상차라 한다. 위상이나 위상차의 양상은 일본 사회의 구조나 일본인의 의식, 사고방식과 깊이 관계되어 있다.

위상차는 음성, 문자.표기, 문법, 어휘 등에서 보이지만, 특히 어휘면에서 단적으로 나타나며 위상차를 반영하는 특수한 어휘를 위상어라 한다.

위상어가 형성되는 계기는 여러 가지가 있다. 지역적인 차이에 의한 방언이나 성별.연령 등의 생리적 차이에 의한 남성어, 여성어, 유아어, 노인어 등도 위상어에 포함된다. 역사적으로는 뇨보코토바(女房詞)나 무사어(武士語), 유곽어(遊里語), 근대의 군대 용어 등이 위상어에 속한다. 현대에서는 세분화된 직업이나 취미를 가진 그룹에서 혹은 특수한 목적을 지닌 집단에서 위상어가 형성되기 쉽고, 더 나아가 그 집단의 구성원 이외에는 통용되지 않게 되면 은어가 된다. 여기에서는 사회적 요인에 따라 형성되는 언어의 변종에는 구체적으로 어떠한 것들이 있는지 살펴보기로 한다.

2.1 성차와 언어변종

다음 글은 'A'와 'B'의 회화인데, 이 글을 읽은 사람들은, 'A'가 여성이고 'B'는 남성임을 알 수 있을 것이다. 무슨 근거로 바로 알 수가 있을까?

예

A : ストライキだったんですって?

B : どうして知ってる?

A : 柳さんのご注進でね。

B : そうか。あの小生意氣な娘っ子は二人とも逮捕されたぞ。

A : まあ! 森田さんと—

B : 秘書の竹野って女だ。
うるさいのがいなくなってせいせいした。

A : そんなこと言うために電話してきたの?

- 아카가와 지로(赤川次郎) 『女社長に乾杯!』에서-

일본어는 남녀 사이에 사용하는 말의 차이(성차)가 심한 언어라고 일컬어지고 있다. 위 예에서는 문말의 종조사 「って」나 「の」, 문두의 「まあ」 등에서 'A'는 여성임을 알 수 있고 종조사 「ぞ」나 「〜女だ」와 같은 단정 표현 등으로 'B'는 남성임을 알 수 있다.

그러나 최근 젊은 여성 중에는 남성이 사용하는 어휘를 사용하는 사람이 늘고 있고, 반대로 남성 중에서도 여성이 사용하는 어휘를 사용하는 경우도 있어 양자의 대립이 점차 좁혀지고 있는 추세이다.

이렇게 언어의 성차가 사회언어학적인 주제가 된 것은 언어상의 성차별에 주목하면서부터이다. 먼저 남성을 나타내는 단어는 긍정적인 반면 여성을 나타내는 단어는 부정적이라는 사실이 주목의 대상이었다. 여자를 지칭하는 '여왕'은 있지만 남자를 지칭하는 '남왕'은 없다. '왕'은 남자가 하는 게 자연스럽고 여자가 왕이 되면 유별나다고 생각했기 때문이다. 이러한 사실은 성차별이 지속되어 온 일본문화의 반영이라 할 수 있다. 일본은 1985년에 여성차별철폐조약을 비준하고, 남녀고용기회균등법이 시행되었는데 이에 따라 여성에 관한 용어 및 표현에 대한 손질도 이루어지게 된다.

남성어의 특성을 어종면에서 살펴보면 남성은 여성에 비하면 한자어의 사용이 많은데 격식을 차린 장면과 그렇지 않은 장면 모두 남성이 여성보다 한자어를 많이 사용하고 있다. 이것은 남성이 격식을 차린 딱딱한 어감의 한자어를 좋아하는 경향이 있기 때문이라고 할 수 있을 것이다.

여성어의 특색으로서는 정중한 표현이나 완곡한 표현을 들 수 있는데 다음 예와 같이 접두어「お」의 빈번한 사용도 그 한 예라고 할 수 있다.

예 「お客(きゃく)」, 「お酒(さけ)」, 「お金(かね)」, 「お風呂(ふろ)」, 「お正月(しょうがつ)」 등

이러한 표현 중 「おひや」, 「おなか」 등은 무로마치시대 궁중의 여관(女官)들 사이에서 사용되던 뇨보코도바(女房詞)가 현대에 이르러 사용되게 된 것이다.

이상의 표현을 보면, 여성어는 대체적으로 공손하고 완곡하거나 섬세하고 부드러움을 특징으로 들 수 있다. 이는 그동안 일본 사회가 요구한 여성상을 반영한 것이 아닐까?

2.2 계층차와 언어변종

에도시대에는 사농공상의 신분제도가 구분되어 있어 이들 계층에 따른 말의 차이가 현저했다고 일컬어진다. 근대에 이르러서도 다음과 같이 같은 도쿄에서 사용되는 말이라고 하더라도 계급, 직업, 연령, 남녀 등의 차이에 의해 언어가 달랐다.

예

私(わたし)にもそれをください。	(공통어)
あたいにもそれをおくんな。	(남자아이)
私(わたし)にもそれを頂戴(ちょうだい)な。	(여자아이)
私(わちき)にもそれを頂戴(ちょうだい)よ。	(게이샤)
私にもそれを呉(く)れ給(たま)え。	(서생(書生))
わしにもそれくんねい。	(장인(匠人))

그러나 현대 일본어에서는 사회적 지위나 신분에 따라 나타나는 계층차가 희박해지고 있다. 그러나 언어의 음성, 표현법, 어휘 등의 특징으로부터 그 사람의 사회계층, 즉, 직업을 추정하는 것은 어느 정도 가능하다. 예를 들어, 교사, 공무원, 은행원, 예술인 등은 직업에 따른 특유의 문체적 특징이 존재한다. 백화점 안내방송의 독특한 음률, 또한 방문판매 등의 대우표현도 독특하다고 할 수 있다.

2.3 연령차와 언어변종

언어변종에 관계되는 변수 중에서 연령차는 가장 중요한 변수의 하나로 각종 사회언어학적 조사 결과로부터 연령과 언어의 상관관계가 나타나고 있다.

사람들은 연령 단계마다 다른 말을 배움으로써 그 연령 단계의 사회에 적응해 간다. 어린아이는 부모의 언어로부터 받는 영향 못지않게 또래의 아이들로부터 영향을 받으며 언어를 습득하게 된다. 이 과정에서 독특한 유아어나 아동어가 형성된다.

유아어나 아동어는 사회화 과정이 진행되면서 수정 절차를 밟거나 전면적으로 교체된다. 사람들은 유아어에서 아동어, 아동어에서 청소년어, 그리고 노인어 등으로 자신의 언어의 형태를 바꾸면서 사회화 과정을 밟는다.

연령 단계별 언어 사용자 집단은 개방적이고 유동적이라는 점에서 그 언어 또한 세대에 따라 변한다고 생각할 수 있다. 그러나 연령 단계별 언어는 해당 세대 사람들의 성장이나 죽음으로 인해 소멸되는 것은 아니다. 유아어, 아동어, 청소년어, 노인어 등 연령 단계의 언어는 나름대로 생명력을 갖고 다음 세대로 전승된다.

2.4 지역차와 언어변종

2.4.1 방언

방언은 지역차에 따른 위상어라고 할 수 있다. 일본 각지에서 사용되고 있는 말은 방송에서 사용되는 아나운서의 말과 음성, 어휘, 문법 등에서 차이를 보인다. 방언은 이러한 음성, 어휘, 문법은 물론, 말의 운용이나 표현상의 특색까지를 포함한, 그 지역 전체에서 사용되고 있는 언어체계 전체를 가리킨다.

예를 들어 음성면에서 보면, 동일본에서 ガ행음은 어두에 사용될 때는

[g]이고, 어중, 어미에 사용될 때는 [ŋ](ガ행비탁음)이지만, 서일본에서는 어두에서도 어중, 어미에서도 [g]로 발음되어 차이를 보인다. 도쿄방언에서의 ヒ와 シ의 혼동, 도호쿠(東北)지방에서의 모음의 중설화 등도 차이점으로 들 수 있다.

또한 제4장에서 살펴본 바와 같이 일본은 중부지방의 일본 알프스 부근을 경계로 어휘에 있어서 동서 대립이 보인다.

문법면에서 「京へ筑紫(つくし)に坂東(ばんどう)さ」라는 무로마치시대의 속담은 방향을 가리키는 조사가 지역에 따라 차이가 있음을 나타내는 예라고 할 수 있다. 또한 문법면에 나타나는 지역별 주요 차이점은 다음과 같다.

〈표 7-1〉 동일본과 서일본의 문법차

구분	동일본	서일본
買(か)う의 연용형	カッテ	コーテ
白(しろ)い의 연용형	シロク	シロー
부정 조동사	ーナイ	ーン
단정 조동사	ダ	ジャ, ヤ

2.4.2 공통어

공통어는 일본 전국에 통용되는 언어로서, 전국적으로 통용되지 않는 방언과 대립되는 개념이다. 구어체에서는 NHK의 아나운서가 쓰는 말을 하나의 전형적인 예로 보는 경우가 많다. 공적인 경우 등 어느 지방에서도 통하는 격식을 차린 자리에서 사용되는 구어체이다. 문장체는 교과서, 신문, 잡지 등에서 사용되는 말이다. 공통어는 도쿄말에 기준을 두고 있는데,

사투리는 제외된다.

이 공통어에 가까운 것으로서「표준어」가 있다. 메이지시대 이후, 도쿄가 정치, 문화의 중심이 되자 구어문이 전국적으로 보급되고, 에도말에서 발전된 도쿄말이 서서히 표준어의 지위를 획득하게 된다. 이어 도쿄말은 교양 있는 사람들 사이에 행해지고 있는 구어라고 규정되었고, 그 지역이 야마노테(山の手)지역으로 한정되어 표준어의 윤곽이 뚜렷해지게 되었다.

공통어가 어디까지나 자연스러운 현실로서 존재하는 것과는 달리, 표준어는 인위적으로 이상에 접근시키고자 하는 개념이라는 점에서 두 용어는 기본적으로 성격을 달리하고 있다.

2.5 집단어

집단어라는 것은 다음 예와 같이 특정 사회집단이나 특정의 전문분야에서 사용되는 그 집단, 그 분야 특유의 특징적인 어휘, 표현형식을 말한다.

예 경찰용어:「ホシ(범인)」,「ガイシャ(피해자)」등

연극용어:「大部屋(おおべや)」,「くろこ」,「奈落(ならく)」등

이와 같은 용어는 그 사회에 속해 있는 사람들 사이에서만 통용되는 암호로서의 성격이 강하고, 일종의 은어로 볼 수 있는데, 은어 자체는 직업보다는 오히려 특정한 이해관계가 일치하는 집단에서 발생하는 경우가 많다.

예 범죄자: サツ[警察], ムショ[刑務所], ドヤ[宿屋]등

학생:エスケープ, 代返(だいへん), 学食(がくしょく) 등

직업어는 생활권의 확대나 매스컴의 발달에 따라 위상어에 머물지 않고 다음 예와 같이 일반어 속에 진입되는 경우도 있다.

예

장기용어: 「高飛車(たかびしゃ)」등
연극용어: 「おは」, 「二枚目」 등
학생용어: 「アンチョコ」, 「えんま帳(ちょう)」
경찰용어: 「デカ」, 「ハジキ」 등

3. 언어행동

언어행동이란 언어를 도구로 하는 커뮤니케이션 행동을 가리킨다. 이 분야에서는 장면에 따른 언어 교체, 경어, 커뮤니케이션 행동 등의 연구가 이루어지는데 여기에서는 언어행동의 종류와 구성요소에 대해 살펴보기로 한다.

3.1 언어행동의 종류

언어행동의 종류에는 말하기(집, 직장, 가게, 병원, 길 등), 듣기(텔레비전, 라디오, 강의 등), 쓰기(편지, 서류, 메모 등), 읽기(신문, 잡지, 책 등)와 같은 종류가 있다. 이 네 종류의 언어행동이 일상생활에서 실제로 어느 정도 행해지고 있는가를 조사한 연구에 국어국립연구소가 시행한 시마네켄 마츠에시(島根県松江市)의 연구가 있는데 이 조사에서는 연령, 성별에 따른 언어행동의 종류나 전체량이 변화하는 모습이 잘 나타나 있다(林四郎1966).

3.2 언어행동의 구성요소

3.2.1 장면 요소와 언어교체

장면 요소라는 것은 장소, 상황 등의 공간적 조건, 시간, 시대 등의 시간적 조건, 매체나 접촉방법 등의 조건, 그 상황이 참가자에게 영향을 주는 심리적 조건이 중심이 된다. 다음 회화는 이야기 상대가 같아도 장소나 상황이 바뀜에 따라 언어교체가 일어나는 예이다(尾崎喜光 1992).

예

잡담 : ○○ちゃん、今のところ分からなかったから、もう一回説明してくれない?

회의 : ○○さん、今のところが分からなかったので、もう一度説明してください。

이러한 짧은 발화 속에서도 호칭 「○○ちゃん/ ○○さん」, 주격조사 「が」의 유무, 접속표현 「から/ので」, 어휘 선택 「もう 一回/もう一度」, 경어 선택 「してくれない/してください」등과 같은 언어변종이 장면과 대응하여 나타나고 있다. 즉, 같은 상대라고 하더라도 장면에 따라서 다른 언어를 사용하는 언어교체가 일어나는 것이다.

3.2.2 인적 요소와 언어교체

인적 요소는 언어행동의 주체와 상대의 연령, 성별, 출신지, 직업, 학력, 계층, 지위 등의 사회적 요소와 계층, 지위 등의 상하관계, 상대와의 친분관계 등과 같은 여러 가지 상호관계가 문제가 된다. 화자와 상대의 관계에 따른 언어교체 연구는 경어, 대우표현의 영역을 중심으로 이루어져 왔다.

다음 도표는 회사에서의 경어사용의 조사결과이다. 전화로 「바로 그쪽

으로 가겠다」(「すぐそちらへ行く」)라고 대답할 때의 동사 「行く」가 상대의 직위에 따라 어떻게 다르게 나타나는지를 알 수가 있다(杉戸清樹1976, 1979, 국어국립연구소 1982).

다음 표로부터 상대의 직위가 높을수록 「参ります · 参上いたします」 등과 같은 겸양 형식이 많고, 직위가 낮을수록 「行く(よ · わ)」등의 보통 형식이 많다는 것을 알 수 있다.

〈표 7-2〉 상대의 계층과 언어선택

구분	行く(よ · わ)	行きます	参ります · 参上(いた)します
부장	0.3	11.2	69.8
과장	1.8	23.9	62.0
주임	8.4	48.0	35.7
기획원	17.5	49.4	13.2
남사무원	24.4	52.3	6.3
여사무원	36.8	53.2	4.6

4. 언어생활

언어생활이라는 것은 생활 속에서의 언어의 모습, 구체적으로 말하면 우리들 인간이 생활하는 데 있어서 어떤 종류의 언어행동을 어느 정도 하고 있는가와 같은 언어행동의 총체를 가리킨다. 언어생활 연구에서는 연구대상이 되는 생활 속에서의 언어행동을 개관할 필요가 있다. 이를 밝히기 위해서는 우리가 보통 일상생활 속에서 어떤 종류의 언어행동을 어느 정도 하고 있는가를 알아야 한다(국어국립연구소1981).

다음 표는 도쿄, 도요오카(豊岡)의 언어행동의 실태를 나타내고 있는데 이 표로부터 도요오카와 도쿄는 가정과 직장에서의 언어생활 양상이 10년간 비교적 안정된 모습을 나타내고 있다는 것을 알 수 있다. 이 표로부터 일상생활에서 이루어지는 언어생활의 제측면을 어느 정도 파악할 수 있다.

〈표 7-3〉 가정에서 어떠한 이야기를 하는가(복수 응답)

구분	도쿄(1974)	도요오카(1984)
일	52.4	47.0%
손님 응대	28.2	33.5
주의, 잔소리	25.5	22.3
상담	25.0	22.9
지시함	24.9	29.0
세일즈맨 등의 응대	21.1	19.5
지시 받음	12.8	14.0
언쟁	4.5	3.7
회답자수	639명	333명

〈표 7-4〉 직장에서 어떠한 이야기를 하는가(복수 응답)

구분	도쿄(1974)	도요오카(1984)
잡담	41.9	30.7%
상담	30.2	19.4
교섭	17.4	10.8
지시함	13.5	14.4
질문	12.5	7.2
지시받음	10.2	11.7
회의	4.9	8.6
회답자수	639명	333명

4.1 언어생활의 제측면

매스커뮤니케이션과 퍼스널 커뮤니케이션이란 언어생활로써 여러 가지 매스컴을 보통 어느 정도 듣거나 읽거나 하는지, 개인적인 전달수단으로서 어떤 매체나 형태를 선택하는지 등과 같은 관점을 말한다. NHK가 1992년에 실시한 매스커뮤니케이션 매체에 관한 여론 조사에 의하면 일본인은 텔레비전을 평일에는 약 3시간, 일요일은 약 4시간 접한다고 한다. 또한, 신문의 경우 연령이 올라갈수록 읽는 사람의 비율이 높아지는 반면 세대가 내려갈수록 접하는 기회가 줄어든다고 한다.

4.2 언어생활 장소와 언어행동

언어행동이 일어나는 장소 그 자체가 언어생활에 관한 정보의 일부이다. 국어국립연구소(1980)에 의하면 공적인 장소에서는 사적인 장소에 비해 고유어의 비율이 낮고 한자어나 외래어의 사용 비율이 높아지고 화제도 일상, 신변, 가정, 취미, 오락에 관한 화제보다는 사무나 일에 관한 화제가 많이 나타난다고 한다. 또한, 매스컴의 시청도 공적장소보다 사적장소에서 많이 나타난다고 한다.

4.3 언어생활의 정형성(定形性)

정형성이 가장 눈에 띄는 언어행동에 일상의 인사행동을 들 수 있는데 인사행동은 언어생활 연구의 계속적인 연구대상이 되어왔다. 국립국어연구소(1984)에서는 일본인과 독일인이 인사행동을 비교하여 〈표7-5〉와 같은 결과를 얻었다.

<표 7-5> 인사행동의 일독비교

구분	인사를 하는 비율 (%)		인사의 종류 (개)	
	일본	독일	일본	독일
아침에 일어나 가족에게	64.7	92.9	8	55
잠잘 때 가족에게	70.9	96.1	12	81
저녁밥 먹기 전에	68.6	65.2	4	54
저녁밥 먹은 후에	71.9	25.6	11	46
외출할 때	85.6	94.9	35	99
외출하는 가족을 배웅할 때	78.8	90.5	28	99
집에 돌아왔을 때	87.6	93.2	12	102
집에 돌아오는 가족을 맞이할 때	80.7	88.1	20	106
아침에 옆집 사람에게	97.4	97.6	6	67
점심에 옆집 사람에게	97.4	98.8	11	74
저녁에 옆집 사람에게	97.4	98.8	14	61
생일에 지인에게	55.9	98.5	39	129
불행한 일이 있었던 사람에게	87.9	95.5	120	127

이 표를 살펴보면 독일인이 일본인에 비해 인사의 종류가 훨씬 많은 것을 알 수 있으며 이로부터 일본인의 인사행동의 정형성을 시적할 수 있다.

5. 언어접촉

언어접촉이라는 것은 간접적이든 직접적이든 서로 다른 언어 간의 접촉 현상을 말한다. 언어끼리 서로 접촉하여 새롭게 탄생한 언어를 접촉언어라고 한다. 이러한 접촉언어의 종류에 피진과 크리올이 있다. 피진(pidgin) 은 공통의 언어를 갖지 않는 사람들 사이에 커뮤니케이션 수단으로 사용되는 보조언어를 말하며 크리올(creole)은 피진이 모어로서 사용되는 것을 말한다. 대부분의 피진은 영어, 프랑스어, 포르투갈어, 네덜란드어 등과 같은 언어와 원주민 혹은 이민의 모어를 기초로 두 개의 언어가 조합되어 탄생하는 경우가 많다.

예를 들어, 하와이의 피진을 살펴보자. 하와이에서는 사탕수수 밭 등의 노동자로서 일본인과 중국인 등이 현지인들과 같이 일하게 되었는데 그들 사이에서 의사소통을 하기 위해 피진이 사용되게 되었다. 다음은 일본인 이민자와 필리핀 이민자와의 대화이다.

예

Me cape buy, me check make.
(私、コーヒー、買う、小切手、書く)

Good, dis one. Kaukau anykin’ dis one.
Philipine islan’ no good. No mo money.
(いい、これ。たたいて、どんなものでも、これ。
フィリピンよくない。お金ない)

-아즈마쇼지(東照二)『사회언어학입문』에서-

위 예문을 보면 평소에 사용하는 언어와는 상당히 다르다는 것을 알 수 있다. 위의 예는 내가 누구로부터 커피를 사서 수표를 썼는지, 아니면 누군가가 나로부터 커피를 사서 수표를 써 주었는지 문의 구조로부터는 정확히 알 수가 없다. 밑의 예도 동사가 빠져 있거나 시제를 나타내는 표현이 없다. 이들 예로부터도 알 수 있듯이 피진은 문법상의 활용, 어형변화 등이 없다는 특징을 가지고 있다는 것을 알 수 있다. 예를 들면, 주어, 목적어를 나타내는 어형변화(영어에서는 I, me)가 없거나 현재나 과거를 나타내는 형태소가 없다. 이들 언어는 모어의 영향을 강하게 받아 만들어지며 이러한 언어를 모어로 사용하게 되면 그것은 피진이 아니라 크리올이라는 하나의 언어가 되는 것이다.

한편, 전국공통어와 지역 방언이라는 동일언어 속의 다른 방언 간에 보이는 접촉현상도 존재하는데 이를 방언접촉이라 하고 접촉 결과 생긴 새로운 방언을 접촉방언이라고 한다. 예를 들어 「塩辛い」를 나타내는 「ショッパライ」는 서일본의 「カライ」와 동일본의 「ショッパイ」형태가 결합한 형태이다.

6. 언어변화

언어라는 것은 한시도 멈추지 않고 항상 변화하는데 이를 언어변화라고 한다. 이 분야에서는 공통어화 과정과 방언소멸 과정 연구, 표준어와 방언의 접촉에 의해 생긴 중간형태인 네오방언 발생의 메카니즘과 전파 과정의 규명, 이주와 언어변화 등에 관한 연구가 이루어진다.

언어변화 연구의 접근법으로 다음과 같은 세 가지 시점이 있다.

6.1 변화의 양식 : 내적변화인가, 외적변화인가

변화가 언어체계 내에 원인이 있는 내적변화인가, 다른 언어의 영향에 따른 외적변화인가라는 관점이다. 내적변화의 요인으로서는 부모가 가지고 있는 문법을 아이가 그대로 계승할 수 없으므로 부모나 주위 사람의 발화데이터를 근거로 스스로 문법을 습득해 가게 되고 그 과정에서 조금씩 문법의 어긋남이 생겨 그것이 누적되어 그전과는 다른 문법이 생겨 언어변화가 일어나는 것이다. 외적변화는 다른 언어와의 접촉에 의한 변화나 같은 언어 사이에서도 지역 방언과 공통어의 접촉으로 인한 공통어화 등의 변화를 예로 들 수 있다.

6.2 변화의 규모 : 구조적인가, 개별적인가

예를 들면 어순이 바뀌는 것처럼 매우 구조적이고 규모가 큰 것으로부터 단어 하나가 바뀌는 정도의 개별적이고 규모가 작은 것까지 있다.

6.3 변화의 사회성 : 사회적인가, 순언어적인가

변화가 언어 외의 사회적 측면과 어떤 관련을 갖는가라는 점에 초점을 맞춘다. 예를 들면 현재 일본어에 나타나는 손위 사람에 대한 경어 사용의 감소나 여성의 남성어 사용경향 등은 사회 환경, 사회 통념 등의 사회적 변화가 초래한 언어상의 변화이다.

7. 언어의식

하나하나의 구체적인 언어형식에 대한 호감이나 미추의 감각, 언어 자체에 대한 신뢰나 불신과 같은 생각, 앞으로 어떠한 언어사용을 지향할 것인가와 같은 언어에 대한 다양한 생각을 언어의식이라고 한다.

일본의 전국 8지방의 방언에 대한 대학생 550명의 의식 조사에 의하면 일본의 대학생은 도쿄방언에 대해 지적(知的)으로 플러스 평가를 내린 반면 정적(情的)인 면에서 마이너스 평가를 내리고 있으며 교토, 오사카 방언 등이 포함되어 있는 긴키 방언에 대해서는 정적으로 플러스 평가를, 지적으로는 마이너스 평가를 내리고 있다고 한다(井上史雄1980).

8. 언어습득

우리들은 태어날 때부터 수년에 걸쳐 부모가 사용하는 언어나 태어난 토지의 말을 습득하는데 이와 같이 최초에 습득하는 언어가 제1언어 혹은 제1방언이다. 한편 제1언어, 제1방언 이외에 텔레비전 등을 통해 표준어를 접하거나 대학입학이나 전근, 전학 등을 통해 모방언 이외의 방언을 습득하기도 한다. 이 분야에서는 제2언어습득, 귀국자의 일본어습득 프로세스 등과 같은 연구가 이루어진다.

8.1 커뮤니케이션 시 필요한 능력

다음에 제시하는 3가지 능력은 일상적인 커뮤니케이션을 행할 때에 빠뜨릴 수 없는 능력으로 제1언어든 제2언어든 그 습득이 요구되는 능력이다.

8.1.1 문법능력

문법에 맞는 문이나 결속성 있는 문장을 만들어내고 이해하는 능력을 말한다.

8.1.2 사회언어능력

이야기 상대가 놓여 있는 장면에 맞는 발화를 만들어내는 능력으로, 예를 들어 상황에 맞게 개개의 언어변종을 사용하거나 회화의 순번에 맞게 효과적으로 회화를 구사하는 능력, 사과·의뢰·거절 등의 발화행위를 적절하게 사용하는 능력을 말한다.

8.1.3 전략(strategy)능력

효과적인 커뮤니케이션을 위해, 혹은 습득 중인 언어에 대한 문법능력이 결여되어 있을 때 생길 수 있는 커뮤니케이션 위기에 대처하는 능력이다. 예를 들어, 어떠한 언어를 모어로 하지 않는 화자가 언어적인 한계에 처했을 때 보디랭귀지를 사용하거나 다른 표현으로 바꾸어 말하거나 그 화제 자체를 회피하는 등의 전략을 말한다.

8.2 언어형성기

언어형성기라는 용어는 일본에서 제창되었으며 한 개인의 언어가 형성되는 시기로 일반적으로 5, 6살부터 13, 14세 사이라고 일컬어진다. 이는 1949년 전쟁으로 인해 수도권에서 후쿠시마현 시라카와시(福島県白河市)로 집단 이주한 어린이들을 500명을 대상으로 악센트 조사를 실시한 결과를 토대로 주장되었다(真田真治他編1997). 이 조사에 따르면 6, 7세까지 시라카와시에 온 어린이들은 수년 사이에 거의 완전한 시라카와시 액센트로 동화된 반면 14세 이상이 되어 이주한 어린이는 거의 영향을 받지 않았다고 한다.

9. 언어계획

언어계획이라는 것은 구속력을 부여받은 공적인 기관이 어느 공동체 내부에서 사용되는 언어나 변종의 체계, 그 운용 등에 조직적으로 인위적인 통제를 가하는 것이다.

이 영역에서는 일본이 전쟁 전이나 전쟁 중, 혹은 식민지로 통치하고 있었던 지역에서의 일본어 보급계획에 대해 검증하거나 총괄하는 연구가 활발히 이루어졌다. 또한 그 외에 국어국자문제, 표준어의 보급, 언문일치의 추진 등에 관한 연구도 활발히 이루어졌다.

국내외에서 일본어 학습 인구가 꾸준히 늘고 있는 최근에는 일본에 머무르고 있는 유학생이나 외국인과 같은 비모어화자를 위한 일본어교육에 관한 연구, 해외에서는 해외교육 기관의 일본어교육 지원 계획 등에 관한 연구가 이루어지고 있다.

연습문제 사회언어학

1. 일본의 사회언어학은 가설을 먼저 세우고 그에 대해 입증해 가는 연역적 연구방법을 취하는 것이 아니라 축적된 데이터로부터 그 실태를 파악해 가는 (   ) 연구방법을 취한다.

2. (   )이란 같은 내용을 말하더라도 언어를 사용하는 사람의 출신지, 계층, 직업, 성별, 연령 등의 사회적 속성에 따라 다른 표현이 사용되는 것을 말한다.

3. 커뮤니케이션 시 필요한 세 가지 능력은 문법능력, (   ), 전략능력이다.

4. 하나하나의 구체적인 언어형식에 대한 호감이나 미추의 감각, 언어 자체에 대한 신뢰나 불신과 같은 생각 등 언어에 대한 다양한 생각을 (   )이라고 한다.

5. (   )은 공통의 언어를 갖지 않는 사람들 사이에 커뮤니케이션 수단으로 사용되는 보조언어를 말하며, 이것은 언어와 언어 사이의 접촉에 의해 생긴 접촉언어에 속한다.

참고문헌

会田貞男・中野博之・中村幸弘(2004)、学校で教えてきている現代日本語の文法、右文書院

天沼寧・大坪一夫・水谷修(1978)、日本語音声学、くろしお出版

秋元美晴ほか(2019)、よくわかる語彙(改訂版)、アルク

庵功雄(2002)、あたらしい日本語学入門、スリーエーネットワーク

伊坂淳一(2002)、ここからはじまる日本語学、ひつじ書房

井上史雄(1980)、方言のイメージの評価語、東京外国語大学論集、30

今田滋子(1989)、教師用日本語教育ハンドブックシリーズ6 発音(改訂版)、国際交流基金日本語国際センター

NHK編(1985)、日本語発音アクセント辞典(改訂版)、日本放送出版協会

沖広一(2012)、やさしい日本語指導7 語彙/意味、凡人社

沖広一(1999)、やさしい日本語指導7 文字/表記、凡人社

尾崎喜光(1992)、現代生活と方言学校生活における方言と共通語の使い分け、日本語学11-2、明治書院

加藤彰彦・佐治圭三・森田良行編(1989)、日本語概説、桜楓社

菊地康人(1994)、敬語、角川書店

北原保雄他(1981)、日本文法事典、有精堂出版

北原保雄編著(1995)、概説日本語、朝倉書店

金田一春彦(1988)、日本語新版上・下、岩波新書

金田一春彦・林大・柴田武編(1988)、日本語百科大事典、大修館書店

工藤浩外(2002)、日本語要説、ひつじ書房

国語学会編(1980)、国語学大辞典、東京堂出版

国立国語研究所(1951)、言語生活の実態-白河市および附近における-、秀英出版

国立国語研究所(1984)、語彙の研究と教育(上)、大蔵省印刷局
国立国語研究所(1953)、地域社会の言語生活-鶴岡市における実態調査-、秀英出版
国立国語研究所(1971)、待遇表現の実態-松江市24時間調査資料から-、秀英出版
国立国語研究所(1974)、地域社会の言語生活-鶴岡市における20年前との比較-、秀英出版
国立国語研究所(1982)、企業の中の敬語、三省堂
国立国語研究所(1984)、言語生活における日独比較、三省堂
国立国語研究所(1990)、方言文法全国地図、大蔵省印刷局
真田信治他編(1997)、社会言語学図集、秋山書店
真田信治他(2003)、社会言語学、おうふう
真田信治(2006)、社会言語学の展望、くろしお出版
杉戸清樹(1976)、職場での敬語、言語生活 295
杉戸清樹(1976)、職場敬語の一実態、言語生活 328
鈴本雄介(1996)、日本大百科全書、小学館
武部良明(1989)、日本語と日本語教育8 日本語の文字・表記(上)、明治書院
田中春美·田中幸子編(1996)、社会言語学への招待-社会・文化・コミュニケーション-、ミネルヴァ書房
玉村文郎(1987)、日本語の語彙・意味、アルク
玉村文郎(1990)、日本語と日本語教育6 日本語の語彙・意味(上)、明治書院
玉村文郎(1992)、日本語学を学ぶ人のために、世界思想社
ダニエル, ロング・中井精一・宮治弘明編(2001)、応用社会言語学を学ぶ人のために、世界思想社
土岐哲・村田水恵(1989)、外国人のための日本語例文・問題シリーズ12 発音・聴解、荒竹出版
徳川宗賢・宮島達夫(1972)、類義語辞典、東京堂出版
名柄迪監修(1987～1991)、外国人のための日本語例文.問題シリーズ1～18、荒竹出版
仁田義雄他(1993)、日本語要説 、ひつじ書房
日本語教育学会編(2005)、新版日本語教育事典、大修館書店

北原保雄(2003)、日本国語大辞典第2版、小学館
野田尚史(1991)、はじめての人の日本語文法、くろしお出版
服部四良(1999)、日本語の系統、岩波文庫
林四郎(1966)、「言語行動のタイプ」文体論入門、日本文体論協会編、三省堂
東照二(1997)、社会言語学入門-生きた言葉のおもしろさにせまる-、研究社出版
東中川かほる・東雲裕子(2003)、独りで学べる日本語文法、凡人社
古田東朔(1994)、日本語学概論(改訂版)、放送大学教育振興会
益岡隆志・田窪行則(1993)、改訂版 基礎日本語文法、くろしお出版
松崎寛・河野俊之(2001)、よくわかる音声、アルク
松村明(1971)、日本文法大辞典、明治書院
森田良行・村木新次郎・相沢正夫(1989)、ケーススタディ日本語の語彙、桜楓社
森田良行(1989)、基礎日本語辞典、角川書店
森田良行(1991)、語彙とその意味、アルク
山田敏弘(2004)、国語教師が知っておきたい日本語文法、くろしお出版
渡辺友左(1977)、「階層と言語」岩波講座日本語2 言語生活、岩波書店

김수진・신지영(2018), 말소리장애, 시그마프레스
민광준(2002), 일본어 음성학 입문, 건국대학교 출판부
윤상실 외(2004), 일본어학의 이해, 제이앤씨
이묘희(2010), 현대일본어학입문, 제이앤씨
이묘희・금종애(2014), 현대일본어문법의 이해, 충남대학교 출판부
한국일본어학회편(2005), 일본어학 중요 용어사전, 제이앤씨

참고사이트
国語国立研究所(1984) https://mmsrv.ninjal.ac.jp/bvjsl84/)
히라가나, 가타카나 https://ja.wikipedia.org/wiki/
헤본식 표기법(일본문화청 홈페이지)
https://www.bunka.go.jp/kokugo_nihongo/sisaku/joho/joho/kijun/naikaku/roma/honbun.html